JN069860

木村信夫の相続ノート

～事例・裁決例から読み解く相続のポイント解説～

辻・本郷 税理士法人 理事長
徳田 孝司　監修

辻・本郷 税理士法人 副理事長
木村 信夫　著

はじめに

　私ども辻・本郷 税理士法人では、毎日のように相続に関するセミナーや個別相談を実施しております。その中で心がけているのは、相続や申告、その対策について詳しくない一般のお客様に、いかにお客様自身に起こることとしてイメージしてもらうか、ということです。税率や基礎控除について知っていれば、おおよそ税額はわかるでしょう。しかしお客様には個々の事情があり、活用できる制度も変わってきます。いかにお客様によく理解していただき、相続が起こった後のことをイメージしてもらうかが大事になってきます。

　本書は弊社内で行っているセミナーで「税務のワンポイント」として普段は短く一方的に説明している事例を、実際に相続のお客様を対応している弊社スタッフとの対談形式で説明する形にしました。これによって、実際に相続の現場で聞いた話や実体験に基づいた話など、読み応えのある一冊になったかと思います。

　また中小企業オーナーや資産家のお客様から資産の残し方の相談を受けていらっしゃる金融マンの皆さんが、よりよい提案をできる助力になればと執筆しました。お客様に寄り添った提案ができれば信頼関係も深まり、それが収益が増すことにも繋がるものだと思っております。

　些細なことでも構いません、もし疑問に感じたことなどありましたら、お気軽にお問い合わせいただければ幸いでございます。

辻・本郷 税理士法人
副理事長 木村 信夫

目次

第 1 回

相続財産の認定
アウトとセーフ

父親（被相続人）が
毎年一定額を入金していた子供（甲）名義の
預金口座の貯金は相続財産に含まれないとした事例

対談者：山口 拓也

序

木村：　今回は「相続財産の認定　アウトとセーフ」ということで、そのギリギリのところがどうなのかという話をしたいと思います。

　サブタイトル「父親（被相続人）が毎年一定額を入金していた子供（甲）名義の預金口座の貯金は相続財産に含まれないとした事例」——にありますように、父親＝亡くなった方＝被相続人ですね、それが毎年一定金額を入金していた子供、今回はこの子の預金口座の預金が相続財産に含まれないとした事例でございます。

　相続関係図、事実、争点、争点についてのお互いの主張、審判所の判断、最後にポイント。こんな順序でご説明していきたいと思います。

相続関係図

木村：　まずは相続関係図をご覧ください。真ん中にいるＧさん、この方が被相続人で右側に妻Ｈがいます。そして「本宅」には子供Ｊと子供Ｋがいます。

　このＧさん、いろいろ会社を経営していまして、その会社の経理、いわゆる金庫番をしているのがＧさんの左側にいる特殊関係人Ｌさんです。ＧさんとＬさんとの間には、長男と今回の請求人である長女＝妹（甲）がいるわけです。向かって右側を「本宅」、向かって左側を「別宅」という言い方をします。こういう家族関係図です。

　当然のことながら、左側の長男Ｍと今回の請求人（甲）は非嫡出子、今はそんな言い方はしないかもしれませんが、平成 27 年 4 月 2 日に父親はＧさんであると認知してもらっています。

　それからほぼ 2 年後の、平成 29 年 1 月○日に、このＧさんが亡くなったということです。

▷ 相続関係図

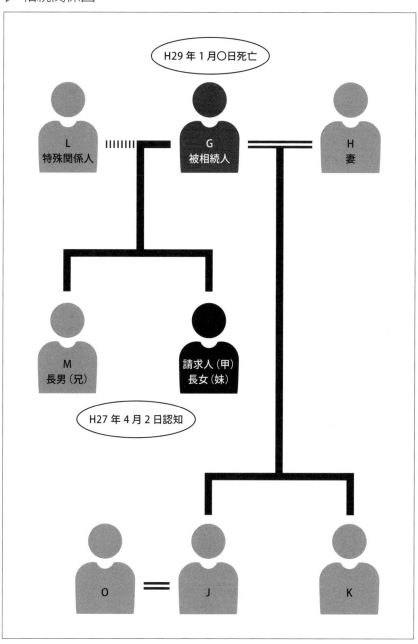

事案の概要

木村： 相続人らはGさんの相続税の申告書を出しました。出してから、概ね一年後に調査が行われた。

そのときに甲名義とM名義、これがいずれも相続開始3年前より被相続人Gから贈与されたものだから、相続税の課税対象ではないとして更正の請求をしました。

これはどういうことかというと、一回は修正しているんですね。調査官にこの甲名義の預金とM名義の預金について、「これ名義預金じゃないの？ だから修正してください」と言われている。

当初はJ名義とK名義の預金も全部名義預金ということで一回修正をしています。修正した後、甲とMは更正の請求をしたわけですが、この更正請求をしたときにM名義の預金について、その更正の請求を認め、減額更正処分したわけです。

しかし、甲の方は「これは更正の請求は認められません。名義預金ですよ」ということで争いになったわけです。

基礎事実を並べていきますと、平成29年1月○日にGは死亡し、相続人は先ほども言ったように本宅の妻Hとその子供JとK、並びに、GとLとの子である甲及びMの5名でした。Gは平成27年4月2日にMと甲を認知しました。

事実

▷ 事実

（1）事案の概要

○ 長女（妹）甲（以下「甲」という。）が、相続税の修正申告において課税価格に加算した甲及び兄M名義の普通預金は、いずれも相続開始日の3年より前に被相続人Gから贈与されたものであるから、相続税の課税対象ではないとして更正の請求をしたところ、税務署が、M名義の預金についてのみを認める減額更正処分等を行ったことに対し、甲が、甲名義の預金も甲の母が親権者として受贈済みであるから税務署の認定には誤りがあるなどとして、原処分の一部の取り消しを求めた事案である。

（2）基礎事実

○ 審判所の調査及び審理の結果によれば、次の事実が認められる。

　イ　被相続人及び相続人等について

　　（イ）被相続人Gは、平成29年1月○日に死亡し、その相続が開始した。

　　（ロ）相続に係る共同相続人は、被相続人の妻であるH、GとHの子であるJ及びK、並びにGとLの子である甲及びMの5名である。なお、Gは、平成27年4月2日、甲及びMを認知した。

　　（ハ）Gは、N社及びP社の代表取締役並びに社会福祉法人Qの財務担当の理事を務めるとともに、平成27年5月のKへの役員変更までは、R社の代表取締役を務めていた。

　　（ニ）Lは、S社の代表取締役を務めるとともに、N社ほか3

法人及びS社の経理事務を担当していた。

（ホ）Jは、平成29年1月22日、N社の代表取締役に就任した。

ロ　現金の発見について

　　Jは、平成29年秋頃、N社の事務室内に並べて置かれた2つの金庫のうち、小さい方の金庫に保管されていた現金〇〇〇〇円（以下「本件現金」という。）を発見した。

ハ　「贈与証」と題する書面について

　　Gは、生前、平成13年8月吉日付の「贈与証」と題する書面を作成した。この贈与証には、「私は、平成拾参年度より以後、毎年八月中に左記の四名の者に金、〇〇〇〇円也を各々に贈与する。但し、法律により贈与額が変動した場合は、この金額を見直す。」と記載されており、本件子らの住所及び氏名が記載された上、Gの署名押印がされていた。

　　なお、この贈与証には、子らの署名押印はいずれもなかった。

ニ　子ら名義の普通預金口座について

（イ）内縁関係のLは、平成13年8月10日、Gの依頼により、T銀行〇〇支店において、次のとおりの各普通預金口座を開設した。

①　J名義の普通預金口座

②　K名義の普通預金口座

③　M名義の普通預金口座

④　甲の旧姓名義の普通預金口座

（ロ）Lは、平成 13 年ないし平成 24 年の各年に一度、Gから依頼され、Ｕ銀行○○支店のＧ名義の普通預金口座又は同行○○出張所の同人名義の普通預金口座から現金○○○○円を出金し、子ら名義口座にそれぞれ○○○○円を入金した。

なお、子ら名義口座への各年の入金日は、平成 13 年 8 月 10 日、平成 14 年 5 月 13 日、平成 15 年 6 月 25 日、平成 16 年 11 月 9 日、平成 17 年 11 月 16 日、平成 18 年 8 月 4 日、平成 19 年 6 月 15 日、平成 20 年 8 月 12 日、平成 21 年 6 月 25 日、平成 22 年 5 月 28 日、平成 23 年 8 月 8 日、平成 24 年 6 月 28 日であった。

（ハ）Lは、平成 27 年 6 月 1 日、Gの依頼により、Ｊ名義預金の残高○○○○円の全額を現金で払い出し、Ｊ名義預金の通帳とともにＧに引き渡した。（以下、この払い出した金員を「本件金員」という。）。また、Ｇは、平成 27 年 8 月、Ｎ社の事務所において、金員とともに、Ｊ名義預金の通帳をＪに対して手渡した。

（ニ）Ｍ名義預金は、平成 28 年 2 月 24 日に預金に係る口座から○○○○円が出金されており、この相続開始日時点の残高は○○○○円であった。また、Ｋ名義預金及び甲名義預金の相続開始日時点の残高は、いずれも○○○○円であった。

（3）審査請求に至る経緯（一部）

イ　　甲は、相続税の申告書を他の相続人らとともに法定申告期限までに提出した。

なお、この申告書において、金庫にあった現金、Ｋ名義預金、Ｍ名義預金、甲名義預金及びＪに手渡しされた金員は、いずれも本件相続税の課税価格の計算の基礎となる財産に含まれてい

ない。

ロ　甲は、税務署による調査を受け、令和2年6月9日、K名義預金及び甲名義預金は本件相続に係る相続財産であり、M名義預金についても、MがGから相続開始前3年以内に贈与されたものであったなどとして、これらを反映した修正申告書を税務署に提出した。

ニ　税務署は、令和2年6月30日付で、修正申告書においては、金庫にあった現金が相続財産に含まれておらず、J名義預金を解約した現金が相続の開始前3年以内にJに贈与されたものであることが反映されていないとして、更生処分及び過少申告加算税の賦課決定処分をした。

ホ　甲は、令和2年10月15日、税務署に対し、兄M名義預金及び甲名義預金については、いずれも相続開始日の3年より前に贈与されたものであったとして、相続税について更正の請求をした。

ヘ　これに対し、税務署は、令和3年1月8日付で、M名義預金に係る部分については、更正の請求を認め、甲名義預金に係る部分ついては更正の請求に理由がないとして、減額更正処分をした。

　甲は、令和3年2月18日、本件更正処分2及び本件変更決定処分に不服があるとして審査請求をした。

木村： Gはいろんな会社をやっていると言いましたよね。N社およびP社、社会福祉法人などをやっていたのですが、Lさんというのは、S社の代表取締役もやっていたんですが、N社ほか3法人およびS社の経理を担当していました。

現金の発見はあるのですが、今回はこの論点は割愛します。

「贈与証」と題する書面があったということです。13年8月吉日付の贈与証です。これは何が書いてあったかというと、「私は、平成13年度より以後、毎年8月中に先ほどの4名の者に金○○円也を各々に贈与する。但し、法律により贈与額が変動した場合は、この金額を見直す」と記載されており、住所および氏名が記載された上、Gの署名押印がされていたと。しかし、その贈与証には子供たちの署名押印はなかったわけです。

どうもこれを見ると、確か平成13年に基礎控除が110万に上がっていますから、この金額は100万から110万くらいではないかと推測されますが、こんな状態でした。ここまでのところで山口さん、疑問点などはありますか？　確認したいこととか。

山口： そうですね、それまでは60万円が基礎控除だったと思うのですが、平成13年に基礎控除について、ちょうど改正があった時期だったので、それを想定して税制改正云々ということが裁決に書いてあるという状況ですかね。

木村： 先に進めますが、内縁関係のLは、Gの依頼によってJ名義、K名義、M名義、甲の旧姓名義で口座を開設し、この口座に100万から110万ずつ毎年のように入金してきたということです。それが13年8月10日から始まって24年6月28日の12回にわたって4人の

子供名義に入金してきたと。

　一点注意したいのが、先ほど申し上げた甲の旧姓名義の普通預金口座ということで、この方はどうも女性だということがわかるんですね。旧姓名義のまま預金が据え置かれていた。おそらくこれはご実家の住所だったと思います。これを覚えておいていただければということです。

　さらに事実関係が続きますが、実はＧの依頼によってＪ名義、本宅のおそらく長男だと思うのですが、Ｊ名義の預金の残高全額を払い出して、そのＪ名義の通帳と共にその現金を引き渡した。どこでやったかというと、平成27年8月Ｎ社の事務所において、引き出した金額と共にＪ名義の通帳をＪに対して手渡したということです。

　それから「Ｍ名義預金については平成28年2月24日にかかる口座から出金されていて、残高はいくらいくらであったんですよ」ということです。山口さん、疑問点などありますか。

山口：　先ほど12回贈与があったということですが、一番最後が平成24年の6月28日なんですね。結果論になりますが、Ｇが亡くなったのが平成29年ですから、3年内加算ということを考えると――、26年以降の贈与が加算対象になるということですが、後から出てくるこの贈与が認められれば24年より前で加算の対象内です。

　しかし、さきほどの通り、27年の8月にＪにお金を渡しているので、ここが贈与ということであれば相続の対象になってしまう。一つのポイントかなと思います。

木村：　そうですね、ここで大事なのが、その部分です。Ｇは27年8月、Ｎ社の事務所において金員とともにＪ名義の預金の通帳をＪに手渡したということですが、おそらくこの引き出しはＧの指示によってＬが

動いた。おそらく銀行員の証言も取っているんじゃないかなと思いますね。つまり、誰が銀行に行ってこれを引き出したかと。

　当然まとまった金額ですから、たとえば110万円の12回をやると1人当たり1320万円です。110万円×12回、1人1320万円。全額引き出しているという話なので、おそらく銀行員との記録書も取られていて、誰が銀行に来たか、誰が引き出したかという延長線上に、LはGに渡して、当然その後、Lさんなりの調書も取られて、それは8月に渡したということの事実関係になっているのかなと思います。

審査請求に関わる経緯

木村：　引き続き、審査請求に関わる経緯ですが、先ほども言いましたように、Gさんの相続税申告について調査が行われた。K名義、M名義、甲名義、およびJに手渡しされた金員——、それは先に引き出されていますので、現金そのものですね。
「相続財産ではありませんか」と言われて令和2年6月9日に、K名義と甲名義とM名義について「これは名義預金です」ということで一回修正申告書を出しました。まずこの3名の分ですね。

　次にもう一つが、J名義の預金については相続の前に解約しているので、このJ名義預金を解約した現金が「本来の相続開始前の3年以内に贈与されたものであることが反映されていない」として、更正処分したわけです。

　ですから、Jはある意味では抵抗したわけですね、それに対してK、甲、Mは一度修正申告をしています。

　しかし、その3名のうち、甲は自分のお兄さんのM名義預金と甲名義預金についての2人分、当初は税務署の勧めによって修正申告をし

たのですが、「いやいや、あれよく考えてみたら自分のものだ。毎年100万円なり110万円ずつもらってきたから、これは亡くなる3年以内に贈与されたものではありません。その前に贈与されたものであって、亡くなった被相続人の財産ではありませんよ」ということで更正の請求をしたわけですね。

　それに対して、甲さんのお兄さんのM名義預金については更正の請求を認められて、甲さん名義の預金だけ「更正の請求に理由がない」として蹴られたわけです。そこで本格的に審査請求等の争いになった。何か付け加えることはありますか？山口さん。

山口：　流れ的には、当初申告があって、その申告には先ほどの3名の名義預金が入っていなかったが、税務調査が来て、3名分は修正申告をした。Jさんの分の現金は更正処分があったという流れですね。甲とMのお金については、Mだけが更正の請求が認められたので、おそらく贈与のなにがしかの認識がお互いにあったのかなと。甲さんだけは、先ほどの旧姓名義というところの関係で認められなかったという流れですね。

争点2

木村： 争点は、実は3つあるのですが、金庫にあった現金の話は、今回は割愛します。

▷ 争点

【争点1】 金庫内にあった現金は、本件相続財産に含まれるか否か。
（割愛）

【争点2】 GからJに対しJ名義口座に係る財産が贈与された時期はいつか。

【争点3】 甲名義預金は、本件相続財産に含まれるか否か。
（具体的には、甲名義預金はGと甲のいずれに帰属するものか。）

木村： 争点の3つ目が、甲名義です。別宅の長女の、この名義預金は相続財産に含まれるかどうかということですね。

　簡単に言うと、Gさんの相続財産に入るのか、甲の単独所有権に帰属するのかという話です。

　では、争点を見ていきます。

　お互いにどういう主張をしたかということですね。

　以下の通り、J名義口座を用いたGからJへの贈与について、JとGの間で本件贈与証による贈与契約は成立しておらず、Jが本件贈与により財産を取得した時期は、Gから本件金員を受領した平成27年である

22

として更正処分の理由にしたわけですね。

　それに対してＪは以下の通り本件贈与証が作成される過程において、ＧとＪの間で包括的に書面による贈与が成立しており、13年から24年までの各年において、受託と履行がされているからＪは各年においてＪ名義口座にかかる財産を既に贈与で取得している、という反論をしている。

　もっと具体的には、贈与の対応についてですね。書面による贈与が成立したと認められるためには、その前提としての贈与者と受領者の合意が認められる。「まず合意が必要なんですよ」と。そのうえで「贈与者の意思表示が書面により、されていることが必要ですよ」という話ですよね。

　よって、いかに贈与者の意思表示が書面により確認されたとしても、Ｊが本件贈与証に対する受託の意思表示を示していたと認められる証拠がなく、本件贈与証による贈与当事者間による贈与の意思の合致が認められない場合にはＧとＪとの間での書面による贈与契約は成立しないことになるから、本件贈与は書面によらない贈与であるということですね。この贈与に対して納税者＝本宅の長男Ｊは、本件贈与証による贈与は民法550条の解釈からすれば、書面による贈与であり、贈与の時期は贈与契約の効力が発生したときである。「実際には入金したときを知っていたんですよ。毎年110万円くれること知っていたんですよ」と主張したわけですね。

　また本件贈与証にかかる贈与証の成立ですが、Ｊが本件贈与証の存在およびその具体的な内容を知ったのは本件贈与開始日以降であり、それ以前に贈与の目的物や履行の時期を了知していたと認められる証拠はなく、本件贈与証に対する受贈の意思表示をしたとは認められない。

　簡単に言うと、「27年の○月かに会社であなたは通帳と現金をもらっているよね？　そういったことは銀行さんに調べて動いてたってことは

わかりますよ。あるいはLさんからも聞いていますよ。27年8月にN社の事務室においてもらったということは聞いていますよ」ということで、簡単に言うと暦年の贈与は成立していないということです。

それに対してJはなんて言っているかというと、「いやいや、贈与の成立については暦年贈与を13年8月から開始することを決意して、その旨をJに口頭で申し出ており、その贈与意思の証拠として本件贈与証を作成し、13年〜24年の間、毎年のように履行していたんですよ。Jは」ということですかね。

税務署の方で、「贈与契約が成約した場合は——これが大事ですね——取得した財産は自由に管理処分できるはずだけれども、J名義預金は27年に預金通帳と共に本件金員がJに引き渡されるまでGが管理していた通り、J名義預金を自由に処分できるのはGのみであった」と。ここが大きいですよね。

それに対してJは何と言っているかというと、「J名義口座というのはGの依頼によりJが開設し、その預金通帳および銀行印もGに預託されていたものであり、Gは毎年110万円をJ名義口座に入金する都度、贈与する旨をJに通知し、Jはこれを受諾していた。したがって13年から24年の間、贈与契約——この贈与証による暦年贈与が成立していたんですよ」という話ですね。

これに対して「客観的事実からしてGとJの本件贈与証による贈与が成立したと認められない」という話ですね。

なおJ＝本宅の長男は、本件調査時から本件相続との関係がないと思っていたから本件贈与について調査担当者に伝えていなかった旨を申述しており、Jの申述等は審査請求の転換にあわせて変遷または新たになされたものではなく、当初から一貫しており、不正のものではない、と。

これ、山口さんどうですかね、税務署はこう言っているわけですよね。「27年の8月にあなたは父親から通帳と現金をもらったんですよね。ということは、自分のものであれば自分で管理して、別に父親からもらわないで自分で銀行にいって解約してもらってくればいいはずです。なぜわざわざ27年8月に父親から手渡しされたんですか？　あるいは解約したのも自分でいかなかったんですか」と。これはどうですか。

山口：　はい、まず今回は贈与証という書類があって、父親だけの署名押印があって子供たちはなかったということ。あと今副理事長がおっしゃった通り、Gが管理していて子供たちはもらった、使えるということがなかったということ。27年に実際に現金をもらってから使える状態になった。

　あとJさんなんですが、本審査請求の展開に合わせて何か主張を変えたわけではなくて、当初からの話が不自然なものではないという風に書いてあります。

　これはどういうことかというと、この家庭はやっぱりちょっと複雑ですよね。本宅がありながらも別宅があって、別宅の奥さんLが本宅の子供たちのお金も管理しているような状態です。

　裁決をもう少し細かく読むと、Jさんは大学を卒業してN社に入社するのですが、そこで父親に愛人がいることをその時に知ってしまった。だから、そんな父親はたぶん嫌いになったと思うので、その後、平成10年にJさんは一回退社をするんですね。その後、父親から平成13年に「お金をあげるよ」と言われた。贈与したということはそこで認識をしているかもしれない。Jさんはその後、再び会社に戻ってきたという経緯があるんですね。

　俯瞰していて不自然なものではないというのは、おそらく父親との間に愛人がいて、当初は嫌がっていたような、嫌悪感があるような気持ち

はあったと思うので、そこは不自然な点ではないですよね。

　ただ不自然なのは、父親のことを嫌いなのに、平成13年から24年の間にちゃんとお金もらっていた。受領をしていたということが不自然なのではないかと思うんですね。

　だからそこでは贈与証はあったかもしれないけれど、Jはもらった認識もないし、父親のことを嫌いになったし、実際、父親がお金を管理していたので、そこに贈与の事実はなかった、と。そのへんにたぶん税務署とJの主張の違いがあるのではないかと思いました。

木村：　なるほどね。もうちょっと早く通帳と印鑑を渡していればよかったのでしょうが、やはり、そのときに現金をもらうということは──、おそらくこのGさんは高齢で相続が近いから渡すものは渡しておこうと思って本宅のJ名義の預金だけ解約して「お前のものだぞ」と渡したのかもしれません。しかし、それがかえって、Gが管理していたことがことさら浮き出てきたようなことにもなったんですかね。

　わかりました。そんなこんなで結論的には簡単に言うと、「この贈与について受贈の意思表示をしたと認めることはできないので暦年贈与はなしよと。現金を引き出して手渡しされたとき、27年に贈与が成立したんですよ」と税務署は言っている。

　Jの方は贈与証があることによってそれを知っていたから──、もう包括的に贈与というのは成立しているから、毎年、110万円の贈与について13年から24年の各年について暦年贈与は成立していて履行も終わっていた。自分のものだ、ということでぶつかったわけですね。

争点3

木村： 争点3です。別宅の甲名義、長女の甲さんですね。この名義の預金が簡単に言うと、甲のものかGのものかということです。

▷ 争点についてのお互いの主張

甲の主張
以下のとおり、平成13年ないし平成24年の各年において、Gから甲への本件贈与証による贈与が成立しているから、甲名義預金はこの相続財産に含まれない。 　なお、Lは、平成27年8月頃に、甲に対し、甲名義預金の通帳及び銀行印を渡している。
イ　贈与の様態について 　本件贈与証による贈与は、民法第550条の書面の解釈からすれば、書面による贈与であり、贈与の時期は、贈与契約の効力の発生した時である。

税務署の主張

　以下のとおり、平成 13 年ないし平成 24 年の各年において、Ｇと甲の間で贈与契約が成立していたとは認められず、甲が甲名義預金の通帳を実際に取得した時期は平成 30 年と認められるから、甲名義預金は、本件相続開始日時点において、Ｇに帰属し、本件相続財産に含まれる。

イ　贈与の態様について

　書面による贈与が成立したと認められるためには、その前提として贈与者と受贈者の合意が求められ、その上で贈与者の意思表示が書面によりされていることが必要となる。

　よって、いかに贈与者の意思表示が書面により確認されたとしても、当事者間における贈与の意志の合致が認められない場合は、贈与契約自体が成立しないこととなる。

ロ　**本件贈与証による贈与の成立について**

（平成 13 年ないし平成 24 年）

（イ）甲は、本件贈与証が作成された平成 13 年 8 月当時は未成年者であり、G に認知された平成 27 年 4 月 2 日までは L が唯一の親権者として財産管理権を有していた。

（ロ）そして、L は、本件贈与証の作成当時に G から本件贈与証を見せられ、その贈与を受諾した。

（ハ）その後、L は、本件贈与証に基づく贈与の履行補助者として、毎年、G に命じられ、本件子ら名義口座へそれぞれ〇〇〇〇円の入金を行うとともに、甲の親権者として各年の贈与を受諾していた。

（ニ）そうすると、平成 13 年ないし平成 24 年の各年において、本件贈与証による贈与が成立していた。

ハ　**本件贈与証による贈与の成立について**

（平成 13 年ないし平成 24 年）

（イ）L は、甲が成年に達したころに、毎年 G から贈与を受けていることを伝えた上で、当時、学生であった甲の事務受託者として甲名義預金の通帳及び銀行印を保管していた。

（ロ）甲が成年に達した後も、L を履行補助者として甲名義口座に〇〇〇〇円が入金されており、本件贈与証による意思表示を起点として一連の贈与が履行されていた。

（ハ）したがって、履行により贈与が取消しできない状態となっており、甲の成年後も上記ロと同様に本件贈与証による贈与が成立している。

ロ　本件贈与証による贈与の成立について

（平成 13 年ないし平成 24 年）

（イ）甲は、本件贈与証が作成された平成 13 年 8 月当時は未成年者であり、G に認知された平成 27 年 4 月 2 日までは L が唯一の親権者として財産管理権を有していた。

（ロ）そうすると、L は、自身が行っていた甲名義口座への入金が、甲へ贈与されていたものであると認識していたとは認められず、G の指示に従い本件子ら名義口座へ各〇〇〇〇円の資金移動を行っていたにすぎない。

（ハ）したがって、L が、甲が未成年者であった期間において、G から甲への贈与を受諾していたとは認められず、本件贈与証による贈与は成立していない。

ハ　本件贈与証による贈与の成立について

（平成 13 年ないし平成 24 年）

（イ）甲が成年に達した以降、甲が本件贈与証の内容を把握していたと認められる証拠はない。

（ロ）そして、甲は、①平成 30 年に甲名義預金に係る銀行印の紛失届の手続を行い、②本件調査の結果に基づき甲名義預金を相続財産として記載した修正申告をしたことからすると、甲が甲名義預金の通帳を実際に取得したのは平成 30 年であったと認められる。

（ハ）したがって、甲の成年後も本件贈与証による贈与が成立していたとは認められない。

木村：　これは更正の請求をしてるものですから、更正処分について、さきほど言ったように「理由がない」ということの通知処分をされたので、甲さんは積極的に自分で主張なり立証をしなければいけないわけです。

　まず甲さんが何と言っているかというと、「平成13年から24年の間に贈与証による贈与が成立して、甲名義預金はこの財産に含まれない。お母さんが平成27年8月頃に甲に対して甲名義の通帳および銀行印を渡している」と。

　贈与の対応については、民法第550条の解釈からすれば、書面による贈与であって贈与の時期は契約の効力の発生したときである。

　先に甲の主張を全部見てしまいますが、この贈与証による贈与の成立についてということで、平成13年から24年まで、これは甲が本件贈与証が作成された平成13年8月当時は未成年であり、Gに認知された平成27年4月2日まではLが唯一の親権者として財産管理権を有していた。

　Lが甲さんの未成年の後見人——親権者ですから、Lがその贈与を受諾していた。そしてその後、Lは贈与証に基づく贈与の履行補助者として、毎年Gに命じられて子供たちに110万ずつの入金を行うとともに、甲の親権者として各年の贈与を受諾していた。

　そうすると、平成13年から24年までの各年において本件贈与証による贈与が成立したと言えるんですよ——という話ですね。

　それに対して税務署は以下の通り、「平成13年から24年の間にGと甲の間で贈与契約が成立していたとは認められませんよ」と。実際に甲が甲名義の通帳を実際に取得したのは平成30年、亡くなった後とみられるから、簡単に言うと「甲名義預金はGの相続財産なんですよ」と。

　その贈与の対応について税務署は何と言っているかというと、前提として、贈与者の意思表示は出ているけれども、やはり同じようにもらう

方、受贈者の合意が求められる。その「贈与者の意思表示が書面にされていることが必要ですよ」ということですね。

　よって贈与者の意思表示は書面によって確認されたとしても、当事者間による贈与の意思の合致が認められない場合には贈与契約が成立しないということ。

　次が非常に大事です。
「Gに認知されるまでは、甲にとって、Lが唯一の親権者だから財産管理権があって当たり前なんですよ」という主張に対して税務署が何と言っているかというと、「LというのはGの指示にもとづき甲名義の口座への入金を行っていただけであって、その旨を陳述している。甲名義預金の通帳を甲に渡す際にはGが甲のために積み立てていた旨を説明していたことが認められることからすると、本件贈与証の存在を認識していたものの、その具体的内容を理解していなかった」と。

　まぁこうなるんでしょうね。税務署の主張とすると。「ただメッセンジャーボーイだったんでしょ、あなたは」と言っているんですね。
「ただ単純にあなたはGに言われて行ってきただけだから贈与なんて認識なんてなかったんじゃないの？」と。
「L＝甲のお母さんは、自分自身の行っていた甲名義の口座への入金が甲へ贈与されていたものであると認識していたとは認められず、Gの指示に従って単純に資金移動しただけだ。だから贈与は成立していませんよ」という話ですね。

　ここがもろにぶつかっているわけです。このお互いの主張に対して山口さん、どうですか？　気になっていることはありますか？

山口：　先ほどのJさんと、この甲さんの違いは、たまたまかもしれませんが、実際に管理していたLさんが甲さんのお母さんだった。そこが

一つのミソなのかなと。さっきのJさんとLさんは他人ですし、Jさん
は成人でした。ただし甲さんは未成年で、お母さんが結果的に管理をし
ていたというところがですかね。

木村：　さらに先ほどは贈与の対応の話だったのですが、次にそれを受
けて贈与が成立しているかどうかという話ですね。

　成立についてということで、L＝お母さんは、「甲が成年に達したころ、
毎年Gから贈与を受けていることを伝えたうえで、当時学生であった甲
の事務受託者として甲名義預金の通帳および銀行印を保管していた。甲
が成年した後もLを履行補助者として甲名義口座に110万円が入金さ
れており、その贈与証による意思表示を起点として一連の贈与が履行さ
れていた。したがって履行によって贈与が取り消しできない状態になっ
ており、甲の成年後も上記と同様に贈与が成立しています」という風に
言ったわけですね。

　それに対して税務署はどうかというと、「甲が成年に達した以降、甲
が本件贈与証の内容を把握していると認められる証拠はない。そして甲
は平成30年に甲名義預金に関わる銀行印の紛失届け出を行い、本件調
査の結果に基づき甲名義預金を相続財産として一回修正申告している
じゃないですか？」と。

　したがって「あなた一回修正しているわけだから最初に認めている
じゃない？　だから贈与は成立していませんよ」ということですね。

　ここでどうですか山口さん、成立についての考え方は。

山口：　そうですね。結局、贈与証があったけれど、父親の意思しか確
認できなかったという、税務署寄りの立場になってしまうと、やむを得
ないのかなというところはありますね。

木村：　ここで税務署の主張です。「甲が成年に達した以降、甲が本件贈与証の内容を把握していたと認められる証拠はない」。これは何を言っているかというと、先ほど納税者、甲が未成年の間はLが親権者なので、Lが認識していたから贈与ですよという主張に対してしようがないなと。そこまで認めた上で、「じゃ成人に達した以降もあなたはもらっているでしょう？　これは親権者が管理する話じゃないよ。甲さん自身が認識しなきゃダメなんですよ」ということを言ってるわけです。

　だから甲の履行補助者と言っているのだけれど、それは技術的・技法的な話であって、「実際あなたは認識していなかったんじゃないの？」ということを言われてしまったわけですよね。

　あともう一つは、修正申告を一回しているから、「一回自分のものじゃないと言ったじゃない？」ということをやはり言われてしまうから、修正申告するときにはしっかり考えて納得した上でやらないといけないということ。逆に、一回修正申告をしても更正の請求で財産を戻すことはできるということですよね。

　つまり、客観的な証拠なり理屈を積み上げていけば、一回仮に修正したとしても更正の修正で財産認定は取り消せるという主張です。ここが、まず大きなポイントかなというところです。

審判所の判断

木村： ということで、お互いの争点の主張はそろったわけですが争点は2つあります。

　まずJ名義――、27年に預金を解約して現金が相続財産かどうかという争点です。J名義口座に関わる財産が贈与されたのはいつかということですよね。

▷ 審判所の判断（一部抜粋）

（2）争点2「GからJに対しJ名義口座に係る財産が贈与された時期はいつか。」について

（イ）　本件贈与証に基づく贈与の成立の有無について

　　本件贈与証は、その記載内容からみて、Gが平成13年8月以降、本件子らに対して、それぞれ毎年〇〇〇〇円を贈与する意思を表明したものと認められる。

　　Gが贈与額を年額〇〇〇〇円としたのは、税制改正により平成13年1月1日以降の贈与に係る贈与税の基礎控除が1,100,000円とされたことを踏まえたものであると想定されるところ、本件贈与証に「但し、法律により贈与額が変動した場合は、この金額を見直す。」との記載があることからすると、Gは、毎年、贈与税がかからない範囲で贈与を履行する意思を有していたことが合理的に推認される。

　　しかしながら、本件贈与には、受贈者の署名押印はなく、

Jは本件調査開始後の令和元年9月まで本件贈与証の存在を認識していなかったことからすると、本件贈与証の存在のみをもって、直ちに、GとJとの間で、Gによる毎年のJ名義口座への入金に係る贈与が成立していたと認めることはできない。

（ハ）　JがGから贈与により取得した財産及び当該財産を取得した時期について

GとJとの間で、Gによる毎年のJ名義口座への入金について、各入金時における贈与に係る意思の合致（贈与の成立）があったと認めることはできない。

我が国において、親が子に伝えないまま子名義の銀行預金口座を開設の上、金員を積み立てておく事例が少なからず見受けられることに鑑みると、J名義口座は、本件贈与証に記載したとおりの贈与の履行がされているとの外形を作出するためにGにより開設され、平成27年8月までG自身の支配管理下に置かれていたものと認められるから、J名義預金は、Gに帰属する財産であったと認めるのが相当である。

そして、Gは、平成27年8月、Jに対し、J名義預金の残高全額を払い出した本件金員を手渡し、Jはそれを受領していることから、GとJの間においては、平成27年8月に、本件金員に係る贈与が成立するとともに、その履行がされたものと認めるのが相当である。

木村：　いろいろ検討して、本件贈与証に基づく贈与の成立の有無について「毎年Ｇは贈与税のかからない範囲内で贈与を履行する意思を有していたことは合理的に推認できる」と。しかしながら、もらう方の署名押印はなくて、Ｊは本件調査開始後の令和元年９月までその本件贈与証の認識をしていなかった。つまり、「調査に来るまであなたは認識してなかったんじゃないですか？」ということを言われているわけですよね。

　だから「毎年の贈与について110万円入っていた認識はないわけだから、あなた名義＝Ｊ名義の口座に入金されたときの贈与が成立していたと認めることはできませんよ」ということですね。

　では、実際にＪがＧから贈与を受けたことによって取得した財産は何かということと、取得した時期はいつかということですね。これは27年８月までＧ自身の支配管理下に置かれていた。「だからそれまではＧの財産ですよ」と。そして27年８月に、Ｌが引き出してきた現金1320万円と通帳をＪに渡してそれを受領していることからすると、「1320万円全額が27年８月にかかる贈与として成立していますよ」と。

　ということは、Ｇさんが亡くなったのは29年ですから、先ほど山口さんが言ったように全部1320万円が生前贈与加算で贈与税も取られ、贈与にかかる延滞税、加算税も取られる。ただし、相続財産も増えるんですが、「払った贈与税分は控除する」と。

　いずれにしても財産認定されたということと、贈与税が課税された上での財産認定ですから、一物二価の課税はないのですが、贈与税の延滞税、加算税だけ無駄ですかね。それは総額から引いてくれるのですが、そんな結論ですね。山口さん、それはどう思いますか。

山口：　そうですね。この最初の判断から私は２つ学ぶべきことがあ

るのかなと思います。

　一つは、やはり贈与契約書はもらった人もちゃんと保管しなければいけないということ。

　もう一つは、今回は３年内加算に引っかかってしまいましたが、Gが亡くなるのがもう少し後だった場合に、ちゃんと贈与が実行されていれば贈与は認められるんだな、と。

木村：　それはどういうことですか？

山口：　これは29年に亡くなっていて、渡したのは27年なので３年内加算に取り込まれてしまいましたが、仮に父親がもう少し長生きして、令和元年以降に亡くなったとすると、３年内から外れますよね。だから納税者の立場に立ったとすると、贈与を認めてほしいという思いはありますよね。

木村：　でも、贈与税の方は６年の時効に引っかかってくる。３年内加算はないけれども、６年以内であれば贈与税の更正処分はありますよね。

山口：　そうですね。２つのフェーズがあるんですね。一つは３年内加算という相続財産に入ってしまうフェーズと、あと一つは贈与税の時効の６年という２つのフェーズです。

　令和２年だと贈与税の時効に引っかかってしまうので、「もう少し父親が長生きしました。令和６年とか７年まで頑張りました」となったときに、「こういう通帳がある」としていれば贈与がもう実行されているという主張ができるので、預け金とか名義預金ということにはならずに、ちゃんと贈与が認められるんだなと。

　今回はアウトでしたが、将来的に他の案件でセーフにできる可能性が

あるというのは学ぶべき2つ目の内容だと思います。

木村：　いいところを突いていますね。3年と6年——3年は生前贈与加算の対象。もし外れたとしても6年。6年内であれば贈与税は取るけれども6年過ぎれば贈与の時効という風になるだろうという話ですが、私は全く逆に考えています。もしこの事実が7年後にわかった時にどうか？　と。

「もともと父親の財産だよね。通帳と印鑑は平成27年8月に、あなた預かっただけなんじゃないの？　贈与だっていう証拠を教えてよ？　書面ないでしょ？」——と、そういう風にも言えるのかなと。

　だからどちらにしても、6年であれば、枠内であれば贈与税の更正処分をして、6年過ぎたときにおそらく贈与契約書がないから贈与する証拠がないから、「じゃ預け金じゃない？」と言われてしまうのかな、という穿った見方を私はしたわけです（笑）。

山口：　ご都合主義のようですが、そういった捉え方もありますね（笑）。

木村：　でも実務ってそんなもんじゃないかな、と思います。でも面白い。3年6年のところは整理してもらったので。ありがとうございます。もう一つの争点ですね。

　甲名義の預金は相続財産かどうかということです。

　本件贈与証に基づく贈与の成立有無について。

（3）争点3「甲名義預金は、本件相続財産に含まれるか否か。」（具体的には、甲名義預金はGと甲のいずれに帰属するものか。）について

（イ）本件贈与証に基づく贈与の成立有無について

本件贈与証は、その記載内容から見て、Gが、平成13年8月以降、本件子らに対して、それぞれ毎年〇〇〇〇円を贈与する意思を表明したものと認められる。

そして、Lは、Gから本件贈与証を預かるとともに、Gの依頼により本件子ら名義口座に毎年〇〇〇〇円を入金し、さらに甲名義預金の通帳を甲に渡すまでの間、管理していたことが認められる。

ところで、甲は、甲名義口座が開設され、毎年〇〇〇〇円の入金が開始された平成13年当時は未成年であったところ、甲がGに認知されたのは平成27年4月2日であるから、平成13年8月10日以降、甲が成年に達する平成〇年〇月までの間における甲の親権者はLのみであった。

そして、民法第824条≪財産の管理及び代表≫の規定により、Lは、甲が成年に達するまでは、甲の法定代理人として、その財産に関する法律行為についてその子を代表し、その財産を管理する立場にあったと認められる。

（ロ）　**甲名義預金は本件相続財産か否かについて**

　　　Ｇと甲との間においては、平成 13 年当時、本件贈与証に基づく贈与契約が有効に成立していると認められる。

　　　そして、甲名義口座は、平成 13 年 8 月 10 日開設された後、平成 13 年ないし平成 24 年までの各年に一度、Ｇから〇〇〇〇円の入金が認められるほかは、利息を除き、入金は認められないことから、上記贈与契約の履行のために開設されたものであることは明らかである。

　　　また、甲名義預金の通帳及び印章は、当初から、Ｌが保管していたものである。

　　　そうすると、甲名義預金は、本件贈与証に基づく入金が開始された当初から、Ｌが、甲の代理人として自らの管理下に置いていたものであり、甲が成人に達した以降も、その保管状況を変更しなかったにすぎないというべきである。

　　　したがって、甲名義預金は、平成 13 年の口座開設当初から、甲に帰属するものと認められるから、本件相続財産には含まれない。

木村：　やはり、このところはLさんが甲さんの当初は親権者だったということですね。未成年者だったところが非常に甲さんについては有利に働いたのかなと。だから「13年当時は未成年者であったところと、13年8月10日以降、甲が成年に達する○年○月までの間における甲の親権者はLのみであった。親権者が甲の法定代理人としての立場で財産管理をするわけだから、簡単に言うと贈与が成立していたよ」ということを言いたいわけですね。

　そして、その結果、甲名義預金は相続財産かということについて、Gと甲との間においてLを介して贈与契約が有効に成立したと認められる、と。つまり「Lが、自分のお母さんが認識していたからこれは贈与が認められますよ」ということですね。

「甲名義預金は、本件贈与証に基づく入金が開始された当初から、Lが甲の代理人として自らの管理下に置いていたものであり、甲が成人に達した以降も、その保管状況を変更しなかったにすぎないというべきである」と。つまり、ずっとお母さんが認識していて、その延長線上でたまたま甲名義の預金をお母さんが管理していただけであるから、そこは税務署が言うような、「成人に達した後に認識してないなんていうことはないですよ」という話ですね。

　したがって13年の口座開設当初から、甲に毎年110万円ずつ帰属しているので、甲の相続財産ではないということですね。これの整理はどうですか。

山口：　そうですね、私はこれも学ぶべきことは2つあると思っています。

　未成年の財産管理は親本人が、ちゃんとやっていればこういう複雑な家庭ではありますが、ちゃんと贈与が認められるというのが一つ。

　裁決からわかることは、本人の生活の背景をちゃんと理解すべきだと

いうことです。

　Jさんは、父親Gに愛人がいるということはけしからんと思っていた。甲さんは別宅のお子さんだけども、親がちゃんと管理したということがわかったと。

　そこに今回のアウトとセーフの結果の差ができている。審判所はちゃんとそこまで見て審判しているんだなということが改めてよくわかりました。

　審判所がちゃんとそこまでチェックして課税のジャッジをしてくるということで、僕らも納税者だけの主張ではなくて、そういった背景を踏まえて考えることが大事だということに気づいた裁決だなと思います。

木村：　なかなか面白い話ですよね。片や未成年者はセーフで、片や成年者だったんだけども調査が来るまで知らなかった。預金をもらったときに贈与だという話で、そういう家族のバックグラウンド——父親を嫌っていて寄り付かなかったのに急にもらうという話などですね。そんなことを諸々考えたときに、面白い話だったのかなと思います。

山口：　あともう一つ思い出しました。石原慎太郎さん、この前亡くなりましたが、あれも別宅の子供がいたんですね。

　東京都知事になる前かなんかに認知したんですよね。だから、雑誌の受け売りじゃないですが、スマート相続をさせるためには、普通、別宅の子供っていったらネガティブじゃないですか。この事例でもそうですし、石原慎太郎さんもそうですし、ちゃんと認知して、公になっていると。これこそ、まさにスマートだと。

　だからこういう家庭環境にある人は素直に認めてください、と。じゃないと、ぐちゃぐちゃになりますよ。そういうことは石原家もそうだし、この家庭もそうですよね。この家庭、本宅の奥さんはあまり出てこない

のでたぶん離婚はしたくない。でも実際はＬさんが結構仕切っている。どういう関係かわかりませんが、まったく出てこない子供いましたよね。Ｋさんはたぶん愛人が嫌いなんでしょうね。

木村： 「税務署の言う通りでいいや」と思われたのでしょう。

山口： だから多少のわだかまりは感じますけども、ただ結果的には人としてちゃんとやることによって、スマートに相続できたと言えるんじゃなかろうかと思います。

ポイント

．．．

木村： ではポイントということで、いくつか山口さんと確認していきたいと思います。

▷ 審判所の判断

1．M名義預金と甲名義預金について、調査を受けて一度修正申告している。

2．その後、Mと甲は更正の請求をして、M名義預金はMのものと認定され、甲名義預金は認められなかった。
⇒甲名義預金は、旧姓名義であり、成人・結婚後も実家の母（L）が管理していたので、形式的に名義を変えただけと税務署は考えた（？）
⇒∴甲は審査請求をした。

3．J名義預金はアウト
〇 贈与証にはJの署名押印がない。
〇 その預金の管理はGが行っていた。
〇 J名義預金から引出された現金を受け取った平成27年8月に贈与が成立したとして贈与税課税が行われた。

4．甲名義預金はセーフ
〇 平成13年8月10日当時は甲は未成年者であった。
〇 母（L）が、甲の唯一の親権者として、甲の財産管理をしていた。

> ○Lが贈与証に基づく受諾をしているので、贈与は成立し、甲名義預金は甲のものである。
>
> ○∴甲名義預金はGの相続財産ではない。
>
> 5．K名義預金とM名義預金
>
> ○K名義預金は、調査時にGの相続財産であると修正申告をしていた。
>
> ○M名義預金は、一度修正申告をした後に更正の請求が認められてGの相続財産はなく、Mの財産であると認められた。

木村： M名義預金と甲名義預金。調査をして一度修正申告をしていると。修正申告していながらそれから数か月たって、やっぱりあの修正間違いだった。「やっぱり自分のものだよ」ということで、Mと甲は更正の請求をした。M名義のものはMのものと認定され、一方の甲名義は認められなかったということですね。

　まずMさん名義が何で認められたのかは気になりますよね。この裁決の中には出てこないのですが。山口さんの推測を教えてもらえますか。

山口： おそらく、Mは何かしら認識していたのではないでしょうか。「もらったことを知っていて、残高はずっと変わらなかった」ということでしたので、使った、事実はなかったのですが、実際には知っていたと。

　これ、税務署に指摘されて修正申告だと、たぶん更正の請求はできないですよね。指摘を受けて修正申告をして、、、

木村： いや違いますね。審査請求に至る経緯で、公表裁決事例等の紹

介をみると「請求人は他の相続人らとともに本件現金、K名義預金、M名義預金、請求人名義預金及び本件金員は本件相続税の課税価格の計算の基礎となる財産に含まれていない。調査担当職員による調査を受けて令和2年6月9日にK名義、M名義と請求人名義の3年以内に贈与されたとして修正申告を出した」と。

山口：　Jだけ漏れていたので更正されてしまった。

木村：　Jは現金の話ですからね。その後、6月9日に修正したのに、よく考えてみたら……ということで4ヵ月後、令和2年10月15日に更正請求してるわけですよ。「やっぱり俺のものだったと。あれは間違いだった」という話で、そういった意味では、修正申告した後の更正の請求が認められているので非常に珍しい事案ですよね。
　そのMさんの認められた理由というのはどんなふうにお考えですか。

山口：　先ほどのJさんは、もう1回会社を辞めて、父親から疎遠になってしまったのですが、Mさんは近いところにいたのではないかなと。あげたことも了解していたし、お前のために贈与しているということをたぶんMさんは認識していたのではないかと。そこがJさんとMさんとの違いなのではと考えました。

木村：　おそらく甲さんのお兄ちゃんなので、わからないですが、3歳から5歳くらい年上なので、どうも何らかのもらっていた認識のものが出てきたのかもしれないですね。

山口：　でも一回修正申告した後に更正の請求で通るというのは、よほど強い証拠が残ってないと、普通は返ってこないですよね。

木村： だから逆に、Mは認められて甲名義はダメよという話なので、「私のは旧姓名義で、しかも通帳は実家に置いてあり、新婚の住所にも変えていなかったから、これは単純に名義預金だ」と。

　普通だったら、女性は自分のものであれば、普通結婚したら「佐藤花子」から「伊藤花子」に変えますよと。住所ももし変わったら今までの「東京都新宿区」を「世田谷区」に変えますよ。しかし、変えていなかった。ずっと実家に置いてあった点が、甲名義が名義預金だと税務署に見られてしまったところだったのかなと。女性は気をつけましょうということですね。

山口： あと平成30年に印鑑を変更してますよね？

木村： 「30年に印鑑を変えたのでそこで認識したんじゃないか？　あなた自分のものだという意識がなかったんじゃない？」という話ですね。

山口： だから生前から印鑑も変えましょうと。

木村： なるほど。ということで結果的には、審査請求して甲の方は通ったということですね。そしてJ名義預金はアウトだった。

　まず贈与証にはJの署名押印がない。その預金の管理は結果としてGが行っていた。その証拠の一つに、Gから指示を受けたLが預金を解約してきて、27年8月にNの会社の事務室でそれを渡している。自分のものだったら自分で預金を解約するはずですよね？　していない。そんなところですかね。

　甲名義預金がセーフということですが、当初、甲は13年8月には未成年者で、お母さんが甲の財産管理をしていて、贈与契約は成立している。だからあの預金は当初から甲名義であって、相続財産ではないと。

この辺はどうですか、山口さん。

山口：　まさにこの通りという感じですね。結果的に……みたいなところかもしれませんが、親権者であれば認められるというところですかね。

木村：　やはり親権者がいれば、未成年者本人が受諾の意思表示をしなかったとしても、その親権者である母親が認識すれば贈与契約は成立するということが最大のポイントですかね。

山口：　そうですね。成人した後も継続しているというのは……、別に20歳以上になってからも親が管理することを推奨するわけではないのですが、本件は管理が継続しているという風に言われています。

木村：　そうですね。「お母さんがずっと管理していたので自分のものじゃないとわかっていたんじゃないの？」という税務署に対して、あれは管理をしていた域を出ない、それ以上のものでもないという話ですね。
　当初からLが請求人の代理人として自らの管理下に置いていたものであり、請求人が成人に達した後もその管理状況を変更しなかったに過ぎないというべきだ、と認めてくれているんですね。
　これは当初、13年以降がもう贈与契約が成立しているから、その延長線上でたまたまお母さんが管理していただけだよと、税務署がいうようにうがった見方はしませんよということですかね。
　最後にK名義とM名義の預金についてはどうですか？

山口：　そうですね。Kは別宅とは疎遠だったんだなと思いました。

木村：　金沢の裁決だけれども、これ4人とも審査請求しているんで

すよ。もう一回読み込んでおく必要があります。Mは更正の請求で認められたから関係ありません。Gの配偶者のHが重加算を課せられているんですよ。それから今回の当事者がJと、本宅の次男のK。

　この裁決もあるのでもう一回見ておきますが、4人で争っているんですよ。配偶者Hと、別宅の長女甲と、本宅のJと、Kなんですよ。いろいろと争っているんですよ、似たような話です。

山口：　本宅が重加算というのは可哀そうですね。何か隠したのか……。

木村：　Jの現金かKの名義預金かという話だったと思いますね。一部H名義のだったのか、何らかの財産があったんです。もったいないことしたと思いますね。

第 2 回

相続の前に考えること

夫が妻のために負担した
有料老人ホームの入居金はいくらまで非課税か

対談者：池上 千祥

序

木村： 今回は、「相続の前に考えること〜夫が妻のために負担した有料老人ホームの入居金はいくらまで非課税か〜」ということですね。

事例①は課税されたケース。事例②は生活費として非課税にされたケース。事例③は「華美なのでそれは生活費ではない」ということで課税されたケースです。

まず一般的な質問ですが、これは池上さんの方から簡単に要約してもらえますか。

池上： 質問は、「母は自宅での生活が困難となり、1年前から介護付き有料老人ホームに入居しています。入居一時金は1500万円。これは父が支払いました。今年1月に父が亡くなり、相続が発生。仮に母が老人ホームを退居する場合には、1000万円が返還されることとなります。

しかし、母はこの老人ホームに入居し続ける予定です。その際、この返還金は父の相続財産となりますか？」——というものです。

Q. 私の母は、自宅での生活が困難となり、1 年前から介護付き有料老人ホームに入居しています。その時の入居一時金（1,500 万円）を父が支払いました。

　今年 1 月に父が亡くなって相続が発生しました。相続により、仮に母が老人ホームを退去する場合には、1,000 万円が返還されることとなります。しかし、母はこの老人ホームに入居し続ける予定です。

　このような場合、この返還金は父の相続財産となりますか？

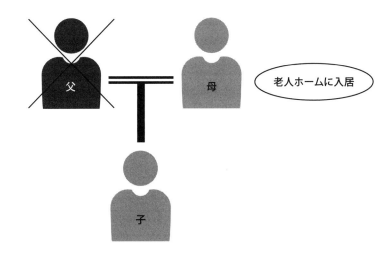

① 入居一時金は父が 1,500 万円負担

　　（償却期間は 6 年、償却期間中退去の際は返還あり）

② 月々の費用 28 万円

　　（食費 8 万円、管理費（光熱費等）12 万円、介護費 8 万円）

③ 相続開始の返還金は 1,000 万円

④ 母はこの老人ホームに入居し続ける予定

事例① 返還予定額が相続財産とされたケース

▷ 平成 18 年の裁決

納税者の主張

　入居一時金は、老人ホームの施設を終身利用できる権利であり、相続も譲渡もできない権利、つまり民法上の相続財産に該当しない一身専属するものであるから、相続財産に該当しない。

審判所の判断

　入居一時金は、入居者の死亡又はや解約権の行使を停止条件とする金銭債権が生じると認められ、その結果、その金銭債権は金銭に見積もることができる経済的価値がある権利として相続財産に該当する。

実務上の疑問

①　解約を予定していないものを相続財産としている。
②　一身専属として主張した事が間違いか。
　　→夫婦相互間の扶養義務の履行として争うべきか？

池上：　入居一時金はお父様が入居時に 1500 万円を支払っていて、お父様が亡くり相続が発生したこと。償却期間は 6 年間、償却期間中退去の場合は返還あり。入居費用については 28 万円で食費と管理費、介護費がそれぞれかかっていること。相続開始時、お父様が亡くなった際に仮に解約したとしたら戻ってくる返還金は 1000 万円。ただお母様はこの老人ホームに入居し続ける予定で退去しない──。

木村：　この質問のポイントは、償却期間6年以内の話なんですね。だからまだ償却期間が終わっていないので、たまたま亡くなったとき——おそらく2年か3年経ったときに、6年の期間中なので返還金を計算してみたら1000万円と出た。この1000万円が相続財産かどうか、という話ですかね。そんなところから物語はスタートいたします。

　実は平成18年の裁決事例です。この返還金は課税されていました。そのときの納税者の主張ですね。税務調査が行われて、現場では「その返還金は換金価値があるから相続財産だ」という話で更正処分されて、審査請求になって、争いになったわけです。

　当初、納税者は何と言っていたかというと、簡単に言うと「入居一時金というのは老人ホームの施設を終身利用できる権利である。そこにずっと住み続ける。相続も譲渡もできない、お母さんだけが持っている権利。民法上の相続財産に該当しない一身専属的なもの。だから相続財産ではない」という話です。

　これに対して審判所は、難しい言い方をしていますが——「入居一時金は入居者の死亡または解約権の行使を停止条件とする金銭債権。入居者が死んだり解約権を行使したとした場合、金銭債権、つまり返還金が発生する。その結果、その金銭債権というのは、簡単に言うと、お金に見積もることができるから経済的価値がある」ということで相続財産に認定されたわけですね。これが18年の11月29日の公表裁決での内容でした。

　これが出たときに私もそうなのですが、税理士がいろいろなところで「おかしいじゃないか」という話をしていました。

　まず一つは、解約を予定していないものを相続財産として認定していること。なぜかというと、具合が悪いから介護施設に入っているわけで

す。ということは、そこを出ることができる状態であればいいのですが、具合が悪くてそこに入居して、それを6年間の間に退去したと仮定したときに、「確かにお金は戻ってくるが、解約を予定していないものまで相続財産に認定することはおかしい」という話をしていました。

　では、どうしたらよかったのかという話ですが、「一身専属権なんていう主張をしたのが間違いではないか？　夫婦相互間の扶養義務として争うべきか？」ということがいろいろ言われていたわけです。

　で、その次の22年──。これは珠玉の裁決と言われていますが、非常に良い裁決ということで納税者が救われたケースです。

　その前に池上さんに聞きたいのは、この18年の裁決例について率直にどう思うかということです。「もちろん、課税されてマネタリーバリエーション（金銭価値）に評価できるものは全部課税だということはわかる。わかるけれども……」という話なのですが、その辺はどう思いますかね。「若いから私は関係ありません」という答えも一つかもしれませんが。

池上：　実際解約をしていなくてお金になっていないものに対して、相続税が課税されてしまうのは違和感があります。また、もし解約したとしたら、この方はどこに行けばいいのか。解約するわけでもないので、それについて違和感というか、おかしいのではないかとは思います。

木村：　やはり法形式的に見たときに換金価値、解約したと仮定すると戻ってくるという形式的なところに重点が置かれてしまうと、このような裁決、結論になってしまう。何となくそれまではこういう形式的な論点が非常に重要ポイントとして強調されすぎたのかなとは思います。

事例②　要介護状態の妻の入居金は生活費として 贈与税の非課税財産とされたケース

．．．

木村：　これが 22 年の公表裁決です。平成 22 年 11 月 29 日ですね。

　やはり同じように解約返戻金が税務調査で問題となった。そしてそれ は「換金価値があるから相続財産ですよ」という風に言われたわけです が、結論は「生活費の枠内なので非課税です」という結論ですね。納税 者の主張を見ていきましょう。

「妻は高齢かつ要介護者で、夫は扶養義務者として民法において夫婦の 同居義務、扶養義務を履行しており、所得税の非課税所得に当たり、相 続財産ではない」という話ですよね。それに対して審判所の判断です。

　税務署は「換金価値があるから財産」、納税者は「民法上の扶養義務 の結果、所得税の非課税所得」という話で主張したわけですが、審判所 は、簡単に言うと「介護を必要とする妻の生活費に充てるために通常必 要と認められる贈与税の非課税財産になる」ということですね。

　そのときに 6 つくらいのポイントがあったかと思います。

① 　高齢かつ要介護状態であり、自宅での介護が困難になったため、老 人ホームに入居したこと。

② 　入居するためには、入居金を一時に支払う必要があったこと。

③ 　妻は入居金を支払う金銭を有していなかったため、被相続人（ご主 人）が支払ったこと。

④ 　老人ホームに妻を入居させたことは、自宅における介護を伴う生活 費の負担に代えるものとして相当であると認められること。

⑤ 　老人ホームが華美でなく、妻の介護生活を行うための必要最小限度 のものであったと認められること。

⑥ 　居室面積は 15m²（4.5 坪）であったこと。

▷ 平成 22 年の裁決

納税者の主張

　妻は高齢かつ要介護者で、夫は扶養義務者として民法において夫婦の同居協力、扶養義務を履行しており、所得税の非課税所得に当たり相続財産ではない。

審判所の判断

　入居金相当額の金銭の贈与は、下記の観点から介護を必要とする妻の生活費に充てるために通常必要と認められる贈与税の非課税財産になる。

① 高齢かつ要介護状態であり、自宅での介護が困難になったため老人ホームに入居したこと。
② 入居するためには、入居金を一時に支払う必要があったこと。
③ 妻は入居金を支払う金銭を有していなかったため、被相続人が支払ったこと。
④ 老人ホームに妻を入居させたことは、自宅における介護を伴う生活費の負担に代えるものとして相当であると認められること。
⑤ 老人ホームが華美でなく、妻の介護生活を行うための必要最小限度のものであったと認められること。
⑥ 居室面積は 15㎡。

実務上の疑問

① 妻が要介護の状態でないとダメなのか？
② 妻に金銭があったらダメなのか？
③ 必要最小限度のものでないとダメなのか？

ということで、簡単に言うと、この 1500 万円については、これ確か金額が 1500 万円だったと思うのですが、相続財産ではないという話ですね。

　池上さんからもらっている質問がこの実務上の疑問ですね。

池上：　審判所は先ほどの 6 つの判断材料がありましたが、そもそも奥様が要介護の状態でないと、例えば介護付きでない老人ホームに入居されている場合、相続財産になってしまうのか。あと奥様が入居金を支払う金銭を有していなかったということで奥様にお金があった場合はどうなのか。例えば 1 億円をもっていたとしてそのうち 1500 万を支払える状況だったときに相続財産になってしまうのか。ホームが華美ではなく妻の介護生活を行うための必要最小限だったと認められるということなのですが、ご家族の生活水準、広さもしかり、その老人ホームのクオリティ、というのも異なってくると思うのですが、そのあたりは決まりとかがあるのか気になります。

木村：　実務上の疑問で、1 つ目の「妻が要介護の状態でないとダメ」という話は、もともと介護施設なものですから、「基本的には要介護状態でどこまでか」という話になりますね。介護保険の適用は確か要支援 1、2、3、要介護 1 〜 5 なので、少なくとも要支援に近い状態、例えばお体が不自由でご飯が作れないとか、自分で歩くことができないというような状態であっても認められるのではないかと思われます。

　2 つ目は、「妻に金銭があったらダメなのか」という話で、このケースはたまたまほとんどなかった。では、例えば「500 万円あっていいよ。でも 1000 万円あってダメだよ」と言えるかというと、私は違うと思います。なぜなら、やはり男性の方が早く亡くなる。だから奥さんの方にはある程度お金を残してあげたい。そのため、仮に奥さんに 1000 万円

あるとしても、「俺がお前の分を払ってあげるからいいよ。その1000万円はお前の老後生活資金にしろ」というのが一般的な国民感情だと思います。

　そういう意味では、奥さんに1億円預金があって、ご主人が5000万円しかなくて、5000万円の中で1500万円を払うというのは確かにおかしいと思うのですが、今回のケースのように数千万円がご主人にあって、奥様にはほとんどないケースでは、1000万円くらい払っても私は問題ないのかなと思うわけです。

　3つ目が「必要最小限度のものでないとダメ」ということですが、これも実際、生活レベルは人によって違うと思うんですね。普通の生活レベル——例えば我々一般ピープルは毎月例えば3万から5万円の中で食費のやりくりをする一方で、お金持ちの人たちは使う金額が10万円、20万円のレベルだと思います。そういったところで過度に豪華なのはダメなのでしょうが、ある程度幅がある——その幅をここで説明しろというのは難しいと思うのですが——、「最低必要限度というものにも幅があるんですよ」ということを、ここではお伝えしておきたいと思います。

事例③ 介護付でない高額で華美な老人ホームの入居金は贈与税の非課税財産でないとされたケース

....

木村： この疑問に答えるように、裁決が出たわけですが——、先ほど言ったように 18 年裁決は「換金価値があるから課税」、22 年裁決は「生活費だから非課税」、そして、この 23 年の裁決ですね。平成 23 年 6 月 10 日。これは公表裁決ですが、ここは「豪華で華美な施設であり、そもそも介護付き老人ホームの入居金ではない。だから非課税ではない」となったわけです。その内容をちょっと見ていきたいと思います。

　まず納税者の主張です。
「終身利用権は一身専属権であって贈与税の対象とならないから、相続開始前 3 年以内の贈与として相続財産に該当しない」。

　それに対して、審判所の判断です。
① 入居金が 1 億 3,370 万円と極めて高額であること。
② 居住面積は 100㎡（30 坪）超と広いこと。
③ 老人ホームにフィットネスルーム・プール等が設けられていることが社会通念上、日常生活に必要な居住の費用とは認められない。
④ 本件老人ホームは介護付老人ホームではないこと。ここもミソです。ここは住宅型でした。
⑤ 妻は介護状態にないこと。
⑥ 妻が老人ホームに入居する前は居宅に居住していたこと。自分で生活できていた。
⑦ 妻が老人ホームに入居することが不可避であったとも認められない。

▷ 平成 23 年の裁決

納税者の主張

　終身利用権は一身専属権であって贈与税の対象とならないから、相続開始前 3 年以内の贈与として相続財産に該当しない。

審判所の判断

① 入居金が 1 億 3,370 万円と極めて高額であること。
② 居住面積は 100㎡超と広いこと。
③ 老人ホームにフィットネスルーム・プール等が設けられていることが社会通念上、日常生活に必要な居住の費用とは認められない。
④ 本件老人ホームは介護付き老人ホームではないこと。
⑤ 妻は介護状態にないこと。
⑥ 妻が老人ホームに入居する前は居室に居住していたこと。
⑦ 妻が老人ホームに入居することが不可避であったとも認められない。

　以上の理由から、入居金は「生活費」には該当しない。

実務上の疑問

① 主契約者 妻・追加契約者 夫　→　妻は約 1,000 万円支払い、残額を夫が拠出？
② 居室面積が何㎡以上が広いと考えるか？
③ 老人ホームにフィットネスルーム、プール等があるとダメなのか？
④ 介護付き老人ホームでないとダメなのか？

——以上の理由から、入居金は「生活費」には該当しないと。この辺どうですかね、池上さんの考えは。

池上：　居住面積100㎡超は広いですね。住宅型なので。

木村：　そうそう、これ住宅型でしたね。だから介護型ではない。そこも大きなポイントですかね。

池上：　また、ホームにフィットネスルームがあるということで……。

木村：　しかも、これ東京のど真ん中にあるところでした。

池上：　カラオケルームですとか、麻雀とかできるボードゲームルーム……。

木村：　繰り返しですが、「これは住宅型で介護型ではありませんよ」ということです。金額がやはり大きいということで、奥さんも要介護状態にない。「それなら入る必要ないじゃない？　この住宅型老人ホームに入る前は自分の家で生活していたんですよね？」というところからすると、「これは当然生活費じゃない」ということですよね。
　実はこれ納税者の主張として、「一身専属権だから、これは相続財産ではない」という主張と同時に、予備的に生活費と主張しているんですね。ここには書いていませんが。
　そういう中で一身専属権の理屈ではなく、生活費としての予備的主張の方に対して明確に①～⑦という形で答えているわけです。
　ここで、実務上の疑問のところを見ていただきたいのですが、これは契約形態が若干複雑です。主契約者が妻で、追加契約者が夫。つまり、

主契約者である妻は約 1000 万円を支払い、追加契約者の夫がその残額の全てを拠出しているのです。

　なぜこんなことをしたのかというと、裁決を細部まで見てみますと、ここの入居者は主契約者だけが残存していたときに解約権を持つわけです。何を言っているかというと、これは 15 年で償却する。ということは、仮に一緒に入ってご主人が亡くなって主契約者が妻ということは、妻は生き残っているから、解約し、そのお金をもらってどこかで生活するということもひょっとして考えていたのかなと思うのです。

　本当は主契約者がご主人で、追加契約者が奥さんで 1 億 3000 万円と 1000 万円くらいがよかったのが、その逆をやっているわけですね。そこがミソで、良いとこ取りをしたかったのかなと。

　奥さんは、「どうせ旦那は早く死ぬだろう。残るのは私だから主契約にしておいて」と。そこも「あれは形式なんだ」といった議論も若干あったのですが、「いやいや、事実関係見たらこうなっているよね」という話で、結果は課税されたということです。

　そしてここから生活費として認められる条件を、私が池上さんに質問します。妻が要介護状態であることは絶対必要条件ですか？

池上：　必要な条件だと思います。事例に基づきますと、要介護であったかどうか、たとえ軽い状態でもあるべきものであると思いました。

▷ 生活費として認められると想定されるケース

① 妻が要介護状態であること（？）
② 入居するためには、入居金を一度に支払う必要があったこと
③ 妻が入居金の支払金銭を一切有していないこと（？）
④ 老人ホームに妻を入居させることは、自宅における介護を伴う生活費の負担に代えるものとして相当である
⑤ 老人ホームは華美でなく、妻の介護生活を行うための必要最低限のものであること（？）

木村： ここでは「介護付老人ホームでないとダメなのか？」とクエスチョンとなっていますが、やはり「妻のためにお金を出すのなら妻は要介護状態であることが必要ですよ」と。これが１つ目。

　２つ目は「入居するためには入居金を一度に支払う必要があった」ということですが、その延長線上で③、妻が入居金の支払い金を一切有していない。

　先ほども出ましたが、もし奥さんがある程度お金を持っていたときに税務当局は、「奥さんのお金から優先的に払いなさいよ。奥さんが3000万円あってご主人が8000万円あったとしたら、まず奥さんのお金を使って、足りなかったらご主人が払えばいいではないか」という話、そこを言い得るかどうか、ここどうですか、池上さんの率直なご意見として。

池上： 奥さんは要介護状態ではあるものの長生きもおそらくされることも多いと思うので、ご主人が生活費を負担されていたのであれば、奥さんがお金を持っていたとしてもご主人が払うのが今の日本では一般的

なのかなと思います。

木村：　私もそう思います。4つ目として、「老人ホームに妻を入居させることが自宅における介護を伴う生活費の負担に代えるものとして相当である」ということは、この辺は「生活費の延長線上だよ」という話ですかね。
　そして5つ目、老人ホームは華美でなく、妻の介護生活を行うための必要最低限のものであること……。ここはどうですかね、クエスチョンがついていますが。

池上：　介護生活を行うために必要かどうか、生活水準もあると思うのですが、多すぎない程度、介護付き有料老人ホームではないでしょうと思われない程度であれば、必要最小限でなくてもいいのではないのかなと思います。

木村：　池上さんが言いたいのは、各自の生活レベルによって、この必要最低限の額、範囲ももうちょっと広がっていきますよと。「何が何でも15㎡以下でなきゃダメだ」ということではなく、場合によっては30㎡の場合もありえるということですね。

検討

▷ 検討の項目

① 要介護状態

・介護保険の適用は「要介護 1」～「要介護 5」まで

・介護保険の適用外はどうなるのか

③ 妻に預金があったら

・ご主人が通常の生活費を出すケースがほとんど

・女性は長生きするので、妻の老後の生活が心配だ

・妻の預金をより多く残しておきたいと考える

⑤ 華美な施設でないこと

・介護付有料老人ホームと住宅型有料老人ホームの違い

・居室面積 15㎡と 100㎡超

・一時金 1,500 万円と 1 億 3,000 万円

・その妥当な中間値はいくらか

・施設自体が介護の目的を超える贅沢・華美なものかどうか

・施設の内容を重視して、一般的な施設ならば入居時の課税は無いか

その他 → 問題は入居一時金が億単位となるような高級な有料老人ホームに入居した場合…。

木村： 似たようなお話です。検討の項目ということで、介護保険の適用は要支援１、２、３から要介護１～５までで、介護保険の適用除外であったとしても、生活がなかなか厳しいという状態、例えば奥様の状態が先ほど言ったように「手が不自由だ、脚が不自由で家で生活できない」という状態であれば、ある程度私は認められるんじゃないかなと思うのですが、池上さんはどう思いますか。

池上： 実際に認定を受けていなくても、ご自身が一人暮らしですとか、ご主人が老人ホームに入っているパターンもあると思いますが、自身で生活していくのが不安で、例えば足腰が弱いとかであれば適用を受けてなくても良いのではないかと思います。

木村： あとは、妻に預金があったのかということですが、通常の生活費は財産のある男性が出すケースがほとんどであって、女性は男性より長生きをするということで、一般的には妻の老後の生活が心配だと。だから妻の預金を多く残しておきたいという感じですかね。そういう意味では当然のことながら常識的な範囲はあるのでしょうが、ある一定の預金があったとしてもそこは問題ないのかな、ということですが、ここらへんいかがですか。

池上： 女性としては、やっぱり男性に払ってほしいな、と。

木村： わっはっは（笑）。そう思うのが普通ですよね。もし仮に池上さんが婚姻したときに、生活費はご主人のお金で。自分の働いたお金は貯金していくという感じがいいのかなという感じです。

　72ページを受けての①、③、⑤でございまして、華美な施設ではないということなので、23年裁決は住宅型有料老人ホーム──「介護付

き有料老人ホームではありませんよ」ということなので、やはり前提は
介護付きなのかなと思いますね。

　22年の事例が、居室面積15㎡で、住宅型。一方、23年の事例は
100平米なので、なんと7倍くらい違う面積です。あと金額的には、
同じように一時金1500万円と1億3000万円。その妥当な中間値はい
くらくらいなのかという話ですが、施設自体が介護の目的を超えるよう
な贅沢、華美なものであるかどうか、つまり介護付きが前提としての話
ですね。

　あとは施設の内容を重視して、一般的な施設ならば入居金に対する課
税はないのかなと。その…、池上さんはどうですか。

池上：　介護の目的であれば、奥様が最後の余生を過ごすところなので
質素なのはさみしいといいますか、ある程度のランクの場所で余生を過
ごしていただきたいので、ある程度はよいのではないのかな、と。華美
で介護の目的を超えるものであればちょっと難しい。

木村：　華美という概念も、何をもってということがありますが、やは
り生活に必要なものかどうか、介護に必要なものかどうかというのは判
断のポイントになるのかなという感じですね。

　あとは、入居一時金が億単位となるような高級な老人ホームに入居し
た場合、それが住宅型なのか、介護型なのかによって、また変わってく
るんでしょうけど、この辺のところですね。

　1500万円がセーフで、1億3000万円がアウトで、中間値が5000
万円だったらどうなのだ？　8000万円だったらどうなのだ？　という
話ですね。そこが一つの考えとして、介護に必要な施設であり、なお
かつプールとかそういったものは一切ないというものであれば、仮に
5000万円くらいであれば非課税と言えるのではないか、というのが私

の率直な考えです。池上さん何かありますか？　この億単位というところは。

池上：　かなりご資産がある方であれば、もしかしたら当たり前かもしれませんが、一般の大半の方が1億円のところとなりますと、なかなか厳しい。億を超えたら……。

木村：　みなさん、億を超えるのは、やめましょう。あるいは、これぐらい皆さん稼ぎましょうということです。

第 3 回

相続
こうすればよかった

生命保険金編

対談者：新井 尚子

序

木村： 第3回目は、「相続 こうすればよかった～生命保険金編～」です。8つの事例がありますので、それぞれに対して事案の概要を説明し、その問題点と、「では、どうすればよかったのか？」という流れで進めていきたいと思います。

　今回は生命保険の話ですが、前提として知っておいてほしいことがあります。「そもそも生命保険とは何か」ということですが、新井さん、一般的に言われている「相続財産」と「生命保険金」とでは何が違うのでしたっけ？

新井： 生命保険金については「みなし相続財産」として相続税の計算上は課税価格加算をしますが、あくまでも「生命保険金の受取人の固有の財産」であり、遺産分割協議の対象外となります。そこが他の相続財産と違います。

　本来の相続財産とは「相続または遺贈により取得した財産で遺産分割協議の対象となり得ます」が、生命保険金は遺産分割協議の対象ではありません。みんなで分けるものではないということです。

木村： そうですね。まず話のスタートの時点で、このことをご理解いただければと思います。

事例① 生命保険金の受取人が
離婚した前妻のままになっている

▷ 問題とその回避方法

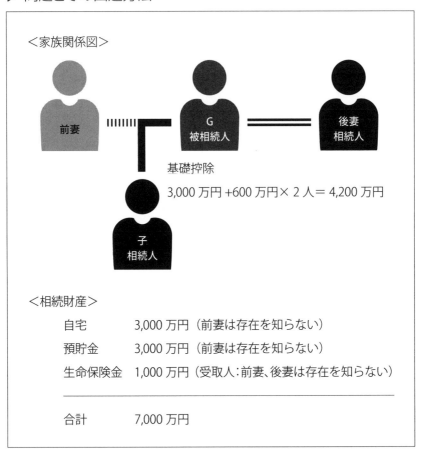

<家族関係図>

前妻

G
被相続人

後妻
相続人

基礎控除

3,000万円 +600万円× 2人＝ 4,200万円

子
相続人

<相続財産>

自宅	3,000万円	（前妻は存在を知らない）
預貯金	3,000万円	（前妻は存在を知らない）
生命保険金	1,000万円	（受取人：前妻、後妻は存在を知らない）

合計　　　　7,000万円

<table>
<tr><td colspan="2">

問題点

○ 相続税の申告は、被相続人のすべての財産を申告しなければいけない。

○ 前妻の受け取った保険金も申告に含めないと相続税が追徴される。

こうすればよかった

○ 被相続人である夫は、生前に保険の受取人を確認して、後妻に変更しておけばよかった。

○ 保険金の受取人を変更した時点では税金はかからない。

</td></tr>
</table>

木村： 事例①は、「生命保険金の受取人が離婚した前妻のままになっている」というケースです。

　これはよくある話です。家族関係図をご覧ください。

　亡くなったご主人には、後妻がいて、前妻との間に子供が 1 人いる。つまり、相続人は、前妻との間の子供と後妻のお 2 人ということです。

　基礎控除は二人ですから 4200 万円。ここまでは相続税がかかりません。一方、相続財産は、自宅が 3000 万円、預貯金が 3000 万円、生命保険金が 1000 万円で計 7000 万円ありました。

　このとき、後妻は自宅と預貯金の計 6000 万円について当然ながら知っていました。しかし、生命保険金の 1000 万円については知らなかった。なぜなら、自分がもらっていないからです。前妻は保険金を受け取っていたので知っていましたが、後妻は知らなかったのです。

　そのような中で、後妻は相続財産を 6000 万円として相続税を申告していたので問題になったわけです。

新井さん、この事例の問題点をお願いします。

新井：　相続税の申告はすべての財産を申告する必要がありますが、問題点は前妻の受け取った生命保険金1000万円が漏れていたことです。この場合、前妻の受け取った保険金も申告に含めないと相続税が追徴されます。

　おそらく生命保険を契約した当時は前妻との婚姻関係があったため、保険金の受取人を前妻にしていたものと思われます。しかし、その後に離婚をされ、後妻がいるにもかかわらず、保険金の受取人をそのまま放置してしまったことが原因です。

木村：　そして「こうすればよかった」という話ですが。

新井：　被相続人である夫は、生前に保険金の受取人を確認して、後妻に変更しておくべきでした。

　特に、前妻が受取人になっている保険を後妻が確認することは非常に難しいので、離婚し、再婚した時点で保険関係をきちんと整理しておく必要があったと思います。ちなみに、生命保険金は、受取人を変更した時点では課税関係は生じません。

木村：　離婚する場合は、どうしても離婚することにとてもエネルギーを使っているものですから、財産関係のことは、つい考えから漏れてしまう。離婚するときにはそれまでの夫婦関係をリセットするわけですが、その中には「財産の整理もある」ということをしっかり認識していただければと思います。

　また、保険契約では役者が3人出てきます。まず「契約者」。この方が一般的に保険料を負担します。次は「被保険者」。保険事故の対象に

なる人です。そして「受取人」。

　三者のうち、保険契約者が王様ですから、被保険者以外の名義は全部変えられます。契約者も変えられる。この場合、離婚した当時は被相続人も元気だったわけですから、新しく結婚するときに受取人を変えておけばよかったのです。

　ところで、受取人を変えたら税金がかかると思っている方がいらっしゃるかもしれませんが、それはありません。生命保険は「出口課税」であり、保険金等がその人に入金されたとき課税されます。ここがポイントです。

事例② 生命保険金の受取人を 既に亡くなった子のままにしていた

▷ 問題とその回避方法

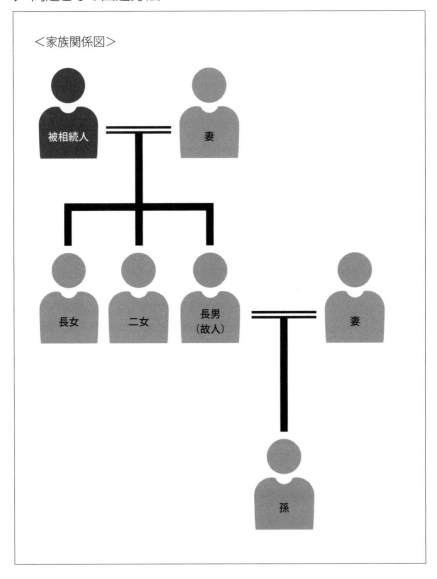

<家族関係図>

問題点

○ 生命保険金の受取人となっていた長男がすでに亡くなってしまった。

○ 受け取る人が死亡している場合、その保険金は亡くなった長男の相続人で頭割りをする。

○ 亡き長男の妻とは葬式で喧嘩別れして以来、音信不通であるし、会いたくもない。

こうすればよかった

○ 受取人を孫や、他の相続人にしておけばよかった。

○ 孫とも音信不通な場合、弁護士に依頼をして、どこにいるか調査をする必要がある。

○ 遺言を書いておかないと、亡くなった長男の妻が孫に入れ知恵をして、相続トラブルになる可能性がある。

木村： 次に「受取人を既に亡くなった子のままにしていた」ケースです。家族関係図をご覧ください。被相続人と妻がいて、その子供として長女と二女がいます。長男が父親よりも早くに亡くなっていて──いわゆる逆縁ですね──、その亡き長男と妻との間に子供が１人います。亡くなったお祖父ちゃんから見ると、孫です。

こういう家族関係の中で問題があったわけですね。

新井： この事例の問題点は、生命保険金の受取人となっていた長男が、被相続人の相続開始時点で既に亡くなってしまっていたことです。

受取人が死亡している場合、その保険金は亡くなった受取人の相続人

で頭割りすることになります。このケースでは、長男の妻と子供です。

　しかし、亡くなった長男の妻とは葬儀で喧嘩別れをして以来、音信不通であり、そもそも心情的に「会いたくもない」という状況です。

「こうすればよかった」という点ですが、長男が亡くなった時点で、生命保険金の受取人を孫や他の相続人に変更しておけば、音信不通の長男の妻との話し合いや財産のトラブルは防げたかもしれません。

　さらに、孫とも音信不通の場合には、弁護士に依頼をして、どこに相続人がいるかを調査する必要があります。

　また、こういったケースでは、遺言を書いておかないと、音信不通になっている亡き長男の妻が孫に入れ知恵をして、相続トラブルになる可能性も出てきてしまいます。そのため、本来であれば遺言を書いておくのがお勧めです。

木村：　「保険金は亡くなった長男の相続人で頭割りをする」ということですが、この場合は長男の妻と孫が半分ずつになりますよね。もし孫が２人いた場合は「長男の妻１、孫２」で各1/3ずつという理解でいいのですね。

新井：　はい。そうです。

木村：　法定相続分ではなくて頭割り、人数割りであるということが、ここのポイントですね。

　ところで、今「長男の妻に会いたくない」という話がありました。これは推測にすぎませんが、長男が親より早く亡くなったことに対して、例えば、「妻の料理が若くして病気になった原因ではないか？」などと、あたかも妻が長男を死に追いやったような言い方をしてしまった結果、「もう付き合いたくない」と音信不通になってしまった可能性もありま

すね。以前、そんな話を聞いたことがあります。

　もっとも、逆縁はめったにありません。私は過去に一度だけ経験があります。古い顧問先の社長が相続対策で長男に株を集めていたのですが、長男があるときスキルス性のガンになって、その1年後に亡くなってしまいました。そこから家族関係がギクシャクしてきた。

　次男も三男も同じ会社にいるのですが、持ち株は長男が一番多かった。長男には残された妻がいますが、現場には出ていませんし、立場が微妙なのです。結論を言いますと、次男が長男の妻から株を買い取ってまとめました。

　事例②に話を戻すと、お祖父ちゃんから見て「孫が可愛い」ということであれば、保険金の受取人を長男ではなく孫にしておくべきでした。

　また「亡くなった長男の妻が孫に入れ知恵をして、相続トラブルになる可能性がある」ということですが、そういう場合、お母さんはだいたい子供側について、「あなたは長男の代襲相続人だからもっともらってきなさい」という話になることがよくあります。

　さて、新井さんに質問があります。この長男がもらうべき保険金が1000万円だったとき、頭割りということは、長男妻は500万円、子供（孫）が500万円になりますが、この場合、2人とも非課税枠が使えるのですか。

新井：　法定相続人が受け取っている場合には非課税枠が使えます。この場合、長男の代襲相続人である孫は、被相続人が亡くなったときに法定相続人になります。したがって、孫の受け取った分の500万円には適用できます。しかし、長男の妻は代襲相続人にはあたらないので、長男の妻の受け取った500万円に関しては適用されません。

木村：　そうですね。もう一つ注意点があるのですが、わかりますか。

新井：　２割加算の問題です。長男の妻は代襲相続人ではないので、非課税枠が適用されないことに加え、相続税額が２割加算の対象となります。

木村：　そうですね。これで事例②のポイントは整理できました。

新井：　余談ですが、私から「死後離婚」についても説明させてください。この事例を長男の妻の立場から見ると、もうこの家とは付き合いたくないと思うんですね。しかし、このままでは長男の妻はまだ姻族です。法要などで呼び出されることもあるでしょうし、義理の親の生活の面倒をみなければいけなくなる可能性もあります。
　それを避けるために、長男の妻は「死後離婚」ができます。戸籍から外れて姻族ではなくなるので、もう付き合わなくてもいい。生活費などの面倒を見なくていいのです。お墓も別にできます。
　これはその後、長男の妻が再婚したかどうかとは全く関係ありません。姻族として残らないという手続きが、死後離婚です。

木村：　この死後離婚は最近とても増えているようですね。

新井：　私の周囲でも死後離婚の話はよく耳にします。例えば、この事例②と同じようにご主人（長男）が先に亡くなった奥様で、かねてから祖父母が孫の育て方について一々干渉してくることにうんざりしていた方がいます。その女性は、この先もずっと姻族関係が続くことが嫌で死後離婚を選びました。お子さんのことを思うと躊躇していたようですが……。

木村： ただし、孫はずっと親族です。外れるのは自分だけですよね。

新井： そうです。

事例③ 保険契約者は妻なのに 保険料負担者が夫となっていた

▷ 問題とその回避方法

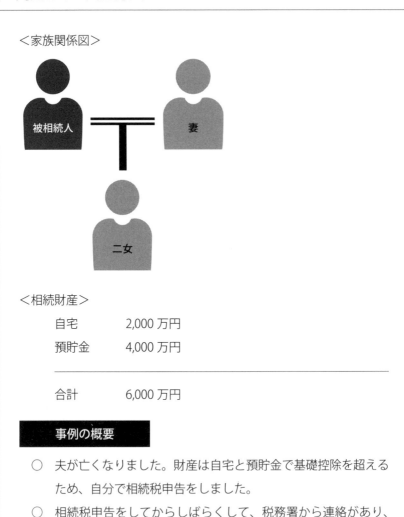

<家族関係図>

<相続財産>

自宅	2,000 万円
預貯金	4,000 万円
合計	6,000 万円

事例の概要

○ 夫が亡くなりました。財産は自宅と預貯金で基礎控除を超える
ため、自分で相続税申告をしました。

○ 相続税申告をしてからしばらくして、税務署から連絡があり、
税務署へ行きました。

○ 税務署の担当者に「奥様が契約者となっている保険契約ですが、ご主人の口座から保険料が引落としになっているものがありますよね？」と言われ、「は！」としました。

○ 指摘を受けた保険は以下の2種類です。いずれも保険料負担者は夫でした。

①○○保険　契約者　妻　被保険者　夫　受取人　妻　1,500万円
②△△保険　契約者　妻　被保険者　妻　受取人　夫　500万円※
※相続開始時点の解約返戻金の金額

＜修正申告＞

自宅	2,000万円
預貯金	4,000万円
（追加）生命保険金	1,500万円
（追加）生命保険契約の権利	500万円
合計	8,000万円

こうすればよかった

○ 自分名義の保険は、夫が掛け金を払い込んでくれたものであるが、自分の財産であり、夫の相続と関係ないと思っていた。

○ 申告の際に夫の通帳を確認していなかった。

○ 名義にかかわらず原資が夫の財産は相続税申告に含めるべきだった。

○ 相続税申告を税理士へ依頼すべきであった。

木村：　この事例は「保険契約者は妻なのに保険料負担者が夫となっていた」ケースです。

　概要を説明します。家族関係図をご覧ください。

　被相続人と妻、そして子供が1人。相続人は2人です。相続財産は、当初申告では自宅が2000万円、預貯金が4000万円 の 合計6000万円 でした。基礎控除が、3000万円の定額に600万円×2で4200万円を超えていますから、相続税は申告しなければいけません。

　そこで妻は、「自宅と預貯金だけだから簡単にできるだろう」と考え、自分で申告したところ、しばらくして税務署から連絡があり、税務署に行ってみると担当者からこう言われました。

「奥様名義の保険契約ですが、ご主人の口座から保険料が引き落としになっている保険がありますよね？」

　妻はそこでハッとして内容を確認し、修正申告をしました。

新井：　今回問題となったのは、次の2つの保険契約の計上が漏れていた点です。いずれの保険も契約者は妻自身となっていたため、「申告しなくてもよいのでは？」との認識でしたが、いずれも保険料負担者は夫でしたので申告が必要になりました。

　具体的には、以下のような内容です。

1.「〇〇保険」 契約者＝妻、被保険者＝夫、受取人＝妻　1500万円

　この契約については被保険者が夫になっているので、今回の夫の死亡により保険金の支払いが発生しています。

　契約者は妻ですが、保険料を実際に出していたのは夫でしたので、今回出た1500万円の保険金については、みなし相続財産として生命保険金を計上する必要があります。契約者は妻ですが、あくまでも相続税の計算をする上では夫が拠出した保険になっているからです。

2.「△△保険」 契約者＝妻、被保険者＝妻、受取人＝夫　500万円

　こちらの保険は契約者が妻で、被保険者が夫ではなく妻、そして受取人が夫になっている500万円の保険です。

　同じく保険料の負担者は夫でした。こちらについては被保険者が妻となっていますので、今回の夫の死亡に際して保険金の支払事由はまだ発生していない状況となっています。

　ただし保険料の負担をしていた夫に相続が発生しましたので、この保険契約につきましても夫のみなし相続財産として計上する必要があります。

　こちらについては、まだ死亡保険金等が支払われていないため、生命保険契約の権利として夫の相続税申告に加算しています。

　その結果、当初は自宅2000万円、預貯金4000万円で申告していましたが、これに1番目の生命保険金1500万円と、2番目の生命保険契約の権利500万円を加えた、計8000万円で修正申告した事例となっています。

「こうすればよかった」です。

　妻は、自分名義の保険について、「お金を出したのは夫であるけれども、あくまでも契約者が妻自身となっていたので、今回の夫の相続税申告とは関係ない」と思ってしまっていました。

　かつ、申告のときに、妻自身も夫の通帳を確認していなかったのでしょう。おそらく通帳を見れば、明確に夫の通帳から保険料の支払金額が出ていたはずですが、その確認をするのが漏れてしまっていたのではないかと思われます。

　結論としては、名義にかかわらず、原資が夫の財産はすべて相続税申告に含めるべきでした。かつ、やはりその部分は漏れがちで一般の方が判断をするのは非常に漏れがちで難しい部分があると思うので、相続税

申告を税理士に依頼していればおそらく防げた事例でした。

木村：　指摘を受けた①の「○○保険」について、受取人は妻1500万円ですが、これに非課税枠は使えるのですか。

新井：　使うことができます。

木村：　次に②の「△△保険」ですが、遺産分割協議で話し合いをして、これを子供が受け取ることはできるのですか。

新井：　これは契約者が妻になっていますので、みなし相続財産として計上しますが、あくまでも妻固有の財産としての扱いになりますので、遺産分割協議で子供に渡すことはできません。無視してしまうと贈与になってしまいます。

木村：　たまにあるのが、これは保険契約に関する権利だから遺産分割協議で受取人を子供にして、すぐこれを解約するようなことです。この場合、どうなるかというと、例えば、500万円を相続財産に計上した後、さらにその500万をお母さんから子へ贈与することになり、相続税と贈与税それぞれが課税されるので、そこは注意してください。
　契約者が妻の場合には遺産分割の対象外で、これも、みなし相続財産で妻固有の財産であり、分割するものではないということですね。
　保険料はご主人が払っているから相続税はかかりますが、誰がもらうべきかといったときには契約者の妻がもらうべきであると。

新井：　はい、そうです。

事例④　まさか！　遺言書に記載のある財産以外に保険があった

▷ 問題とその回避方法

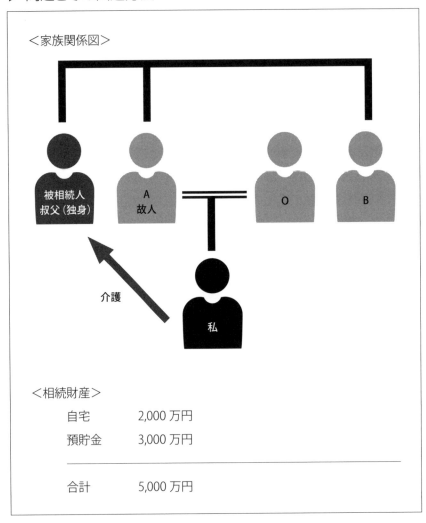

<家族関係図>

被相続人
叔父（独身）

A
故人

O

B

介護

私

<相続財産>

自宅	2,000万円
預貯金	3,000万円
合計	5,000万円

事例の概要

○ 私は叔父の介護をしていました。

○ 最近叔父が亡くなり、自宅から自筆証書遺言がでてきて、すべ
ての財産を私に相続させる内容でした。

○ 遺言に沿って相続税申告を自分で行いました。
後日税務署から「B さん受け取りの保険があると思いますが確
認してもらえますか？」と連絡がありました。

○ 普段付き合いのない B さんへ連絡すると、1,300 万円の保険を
受け取ったと言われました。

○ 私と B さんは、保険を含めて相続税を申告をし直しました。

こうすればよかった

○ 遺言があっても、他の相続人に財産の漏れや、保険金の受取が
ないかを聞いておけばよかった。

○「生命保険契約照会制度」を使えばよかった。

○ 相続税申告を税理士に依頼すれば気づいてもらえたかもしれな
い。

木村： 事例④は遺言書に記載ある財産以外に保険があったケースです。

　家族関係図をご覧ください。亡くなった方は自分から見て叔父にあたる人で独身でした。自分の父親Aは亡くなっていて、この亡くなったおじさんと、自分の父親Aと、もう一人おじさんBがいます。

　自分の父親は亡くなっているので、「私」は父親Aの代襲相続人という形ですが、実際ずっとこの独身のおじさんの面倒を見てきました。おじさんが亡くなって相続財産を調べてみたら、自宅が2000万円、預貯金3000万円の計5000万円でした。

「5000万くらいなら自分で申告できる」ということで、おじさんの住んでいた家で、いろんな資料を整理していたら、たまたまおじさんの自宅から自筆証書遺言が出てきた。「すべて甥の『私』に相続させる」という内容でした。

　その遺言に沿って相続税申告を自分で行ったのですが、そこで問題が起きた──ということですね。

　新井さん、どうぞ続きをお願いします。

新井： はい。その結果、後日税務署から連絡があり、「被相続人の兄弟Bさん受け取りの保険があると思いますが確認してもらえますか？」と言われました。普段付き合いがないBさんに連絡をすると、「1300万円の保険金を受け取った」と言われ、「私」とBさんは保険も含めた申告をし直すことになりました。

　今回の場合「すべての財産を『私』に相続をさせる」という遺言があったとしても、生命保険金は受取人固有の財産となるため、遺言によって「私」が受取ることはできません。「こうすればよかった」点としては、たとえ遺言書があっても、他の相続人に対して、「計上に漏れがないか？」、「保険金の受取りがないか？」という点をきちんと聞いておけばよかったという事例です。

特に今回のように、兄弟間で相続人がいる場合では、なかなか普段接点もないので、漏れてしまうケースも結構多いと思います。ただし、税務署には保険の支払調書などの情報が伝わっていますので、必ず相続人全員にその確認をしていく必要があります。

　また、令和3年7月より「生命保険契約照会制度」（生命保険協会）というものが開始されています。これを使用すると、この制度に登録をしている保険会社については、相続が発生した場合に、その方が契約者、被保険者になっている契約について照会をかけることができます。そうすると、その保険会社と契約があったかどうかという情報が上がってきますので、それを使っていれば漏れずに確認ができていたかもしれません。

　さらに、この事例でも、ご自身で相続税申告を進めてしまいましたが、税理士にきちんと依頼をしていれば、この点も各相続人に確認をし、今回の財産の漏れも事前に防ぐことができていたかもしれないという事例です。

木村：　納税者は、本人申告だろうが税理士申告だろうが、やはりこれを使わないと情報の格差が出てしまいますので、生命保険の有無確認のためにはこの生命保険契約照会制度を利用してください。そうしないと、漏れが出てきます。

　このようなケースの場合、必ず横の連携で財産があるかないかを確認してくださいということです。

新井：　私自身も、相談者が甥・姪で、亡くなったおばさんの相続税申告をするのを承ったときに、「おばさんの銀行口座がどこにあって、どこに生命保険があるのかもわからない。戸棚の中まで全て探したけれど

自信がない」とおっしゃったので、生命保険であれば生命保険契約照会制度と、証券であれば証券保管振替機構の照会制度（登録済加入者情報の開示請求）を使って、財産の漏れがないか確認をしていただいたことがあります。

事例⑤　保険金の受取人を子供でなく妻にしていた

▷ 問題とその回避方法

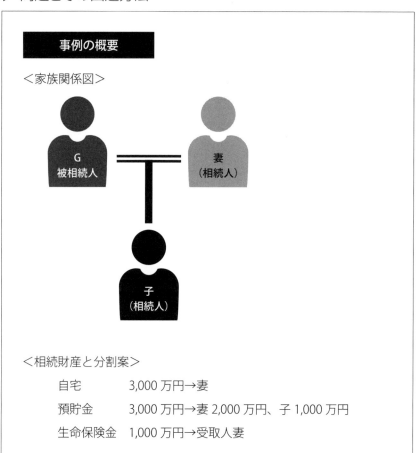

事例の概要

＜家族関係図＞

G
被相続人

妻
（相続人）

子
（相続人）

＜相続財産と分割案＞

自宅	3,000 万円→妻	
預貯金	3,000 万円→妻 2,000 万円、子 1,000 万円	
生命保険金	1,000 万円→受取人妻	

<相続税の計算>

	合計	妻	子
自宅	3,000 万円	3,000 万円	
預貯金	3,000 万円	2,000 万円	1,000 万円
生命保険金	1,000 万円	1,000 万円	
非課税	△ 1,000 万円	△ 1,000 万円	
	6,000 万円	5,000 万円	1,000 万円
相続税	180 万円	150 万円	30 万円
配偶者軽減	△ 150 万円	△ 150 万円	
納付額	30 万円	0 円	30 万円

問題点

○ 生命保険金を妻にすると、配偶者の税額軽減に吸収されて非課税のメリットが薄くなる。

○ ただし、生命保険金は手続きをしてから1週間程度で入金されて、夫死亡後の妻の生活費や葬儀費用などに充てることができるため、税金上のメリットとは別に、必要性はあると考えます。

こうすればよかった

○ 仮に保険金の受取人を子、預貯金の相続を妻にした場合の相続税は…

	合計	妻	子
自宅	3,000万円	3,000万円	
預貯金	3,000万円	3,000万円	
生命保険金	1,000万円		1,000万円
非課税	△1,000万円		△1,000万円
	6,000万円	6,000万円	0円
相続税	180万円	180万円	0円
配偶者軽減	△180万円	△180万円	
納付額	0円	0円	0円

相続税が0円に?!

木村： 　事例⑤は、「保険金の受取人を子供でなく妻にしていた」ケースです。

　家族関係図をご覧ください。被相続人と、妻がいて子供がいます。相続財産と分割案は当初、自宅3000万円は妻。預貯金3000万円のうち2000万円は妻、子供には1000万円。そして、生命保険金1000万円は受取人が妻でした。

　この前提ですと、妻が受け取る財産の合計額は6000万円で生命保険金の非課税1000万円を引いて課税価格は5000万円。子供は1000万円もらって、全体の課税価格は6000万円。

　相続税は、妻150万円、子供30万円となりますが、妻は配偶者の税額軽減が適用できるため0円、子供が30万円となります。

　これでもいいと思うのですが、どうでしょうか。新井さん、問題点と「こうすればよかった」のポイントをお願いします。

新井： 　はい、今回子供が1000万円の財産を受け取ることになりますが、あくまでも子供は預貯金を相続をし、生命保険金──非課税枠が今回は1000万円分ありますが──、その1000万円については妻が受け取る形で契約をしていた事例です。

　今回のケースですと、相続税が30万円かかる……というところで、問題点としましては、生命保険金を妻にすると、配偶者についてはもともと配偶者の税額軽減があるので、法定相続分、または1億6000万円のどちらか多い金額までは税金はかからずに財産を引き継ぐことができます。

　しかし今回は、保険金受取人を妻にしていますから、その配偶者の税額軽減の方に保険金の非課税枠のメリットも吸収されてしまい、税金上も不利な扱いになってしまっていました。

　もちろん、生命保険金については、税金上のメリットだけではなく

て、請求手続きをしてから1週間程度で受取人の口座に入金されるため、夫死亡後の妻の生活費や葬儀費用に充てることができるなどの、税金以外のメリットがあります。

そのため、妻を受取人にするケースはあり得るかと思いますが、税金上は、例えば次のような契約をしていれば、今回と同じ金額を各相続人が受け取ることができ、かつ税金をゼロにするパターンもあり得ました。

同じく配偶者が5000万円、子供が1000万円を相続するというケースとした場合——。先ほどは、子供が預貯金1000万円を相続し、保険の1000万円は妻が受け取ったケースでした。

これを逆にして、預貯金はすべて妻が引き継ぎ、保険金の1000万円は子供を受取人にする形の契約をしていたとすると、子供が受け取った1000万円については、生命保険の非課税枠のメリットを最大に活用することができます。

したがって、子供の納税額はゼロ、かつ、妻が受け取った財産6000万円についても、すべて配偶者の税額軽減が使えるため相続税はゼロです。合計で税金の負担は全くない形になりますので、もしもこのパターンを事前に理解していれば、保険の非課税枠を利用して、税金上も有利に引き継ぐことができた事例です。

木村：　ここでのポイントは、配偶者の税額軽減を使うと相続税がゼロになるというところですね。

また、これは申告要件といって、納税がゼロでも税務署に申告書を出す必要がありますので、それを忘れると問題が出てくる可能性があります。相続税がゼロであっても、配偶者の軽減税率を適用する場合は、必ず申告書を出してくださいということです。

このケースは、子供が保険金1000万円を受け取りますが、非課税となり、1000万円を引いて課税価格はゼロ——。非課税の意味は、「課

税されない現金が残る」ということになりますので、生命保険金の非課
税を上手く活用していただければと思います。

事例⑥ 契約者変更時に贈与税申告をした

▷ 問題とその回避方法

事例の概要

父が契約者及び被保険者となり、保険料を負担していた生命保険契約について、今回、契約者を長男名義に変更し、今後は長男が保険料を負担することになったため、今まで父が払い込んだ保険料相当額について、長男が贈与を受けたものとして贈与税の計算を行った。

問題点

生命保険契約に係る契約者及び保険金受取人の名義変更があったとしても、その名義変更があった年に贈与税の課税関係が生じることはない。

こうすればよかった

将来、保険契約を解約し解約返戻金を受け取ったときや、保険契約の満期時に保険金を取得したときに、保険金受取人以外の者が負担した保険料の金額に対応する部分については、贈与により取得したものとみなされて贈与税が課税されることとなる。

木村: 事例⑥は、「契約者変更時に贈与税申告をした」ケースです。

概要を申し上げますと、父親が契約者および被保険者となって保険料を負担していた生命保険契約について、今回、契約者を長男名義に変更し、今後は長男が保険料を負担することになりました。そのため、今まで父親が払い込んだ保険料相当額について、長男が贈与を受けたものと

して贈与税の計算を行ったという事例です。

　新井さん、この場合の問題点をお願いします。

新井：　はい、生命保険についてはあくまでも出口課税が原則となります。今回のように保険の契約者および保険金受取人の名義変更等があったとしても、その名義変更があった年に、贈与税の課税関係が生じることは原則ありません。

「こうすればよかった」点です。

　今回のようなケースでは、将来保険契約を解約し、解約返戻金を受け取ったときや、保険契約の満期時に保険金を取得したようなときに、保険金受取人以外の者──今回ですと父親が負担した保険料の金額に対応する部分については、長男が贈与により取得したものとみなされて贈与税が課税されることとなります。

　ですから、あくまでも契約者変更時には課税関係が生じず、出口である解約返戻金を受け取ったときや、保険事故が発生して保険金を受け取ったときに、保険金受取人以外の者──この場合は父親が負担した保険料分に相当する保険金について、贈与が発生したものとして課税されることとなる点が注意点となります。

木村：　繰り返しますが、出口課税というのは、何らかの保険金がその人の口座に入ってきたときが「出口」ということです。入口課税はなくて出口課税ということですね。

新井：　そうです。

事例⑦　父がかけていた満期保険金を
　　　　　一時所得で申告した

▷ 問題とその回避方法

事例の概要

　長女は、自分が保険契約者及び保険金受取人になっている保険契約
の満期一時金を受け取った。この保険契約の保険料は、父が負担して
いたが、契約者が長女となっていたことから一時所得として申告した。

問題点

　一時所得となる満期保険金は自分が保険料を負担していた保険で
す。

こうすればよかった

　保険契約者が長女であっても、保険料の負担者が父であることから、
一時所得ではなく、長女は、満期一時金を父から贈与により取得した
ものとみなされ、贈与税の課税対象となる。

木村： 事例⑦は、「父がかけていた満期保険金を一時所得で申告した」ケースです。

　概要です。長女は、自分が保険契約者および保険金受取人になっている保険契約の満期一時金を受け取った。この保険契約の保険料は父親が負担していましたが、契約者が長女となっていたことから一時所得として申告した──というものです。

　新井さん、問題点を挙げてください。

新井： 一時所得となる満期保険金は、あくまで自分が保険料負担者となっていた保険が対象です。今回について、長女は保険契約者にはなっていましたが、保険料原資の負担者は父親となっていました。

　保険料負担者と受取人が同一であれば一時所得となりますが、今回の場合、保険料負担者は父親、受取人は長女となっていたため、長女は満期一時金を父親から贈与により取得したものとみなされ、贈与税の課税対象となります。

木村： 「自分がかけていた保険」というのは、「自分が保険料を払っていた」という意味で、その場合は一時所得になりますが、自分以外の人が保険料を払っている場合に保険金をもらったら贈与になりますよ、ということですね。

新井： はい、そのとおりです。

事例⑧　生命保険金がある場合の 代償分割は慎重に!

▷ 問題とその回避方法

事例の概要

○ 相続人は兄と弟の2人。

○ 本来の相続財産は自宅と預金合わせて5,000万円。その他に兄 が受取人となっている生命保険金が10,000万円ある。

○ 兄は保険金10,000万円を受け取った。

○ 弟は上記相続財産5,000万円を全て相続した。

○ 兄と弟の取得財産のバランスから、代償分割で兄から弟へ 2,500万円を支払うことになった。

○ 兄は代償債務として支払い、弟は代償債権として取得すること になった。

○ この場合の相続税の申告は…。

問題点

(1) この申告で本当に良いのだろうか？（生命保険金の非課税その他 の細かい点は考慮しない）

○ 兄の相続財産は　10,000 − 2,500 = 7,500万円

○ 弟の相続財産は　　5,000 + 2,500 = 7,500万円

○ 2人の合計は15,000万円で相続税の申告…？

(2) 上記の申告は誤りであり正しい申告は下記の通りです。

○ 兄の相続財産は　10,000万円

- 弟の相続財産は　5,000 万円。
- まず 15,000 万円の相続税の課税があります。
- 保険金は受取人固有の財産のため、兄が支払った 2,500 万円を代償債務として課税価格から控除することはできません。
- また弟が代償金として受け取った 2,500 万円に対して贈与税課税があります。

こうすればよかった

- 代償分割とは本来の相続財産を現物分割することに代えて行われるものであります。
- しかし保険金は受取人固有の財産であって、代償債務の目的となるべき現物分割の対象財産とはなりえません。
- つまり 2,500 万円を代償債務として課税価格から控除することはできないことになります。
- その結果、弟に対して 2,500 万円の贈与税課税が起こってしまいます。
- 暦年贈与（110 万円の基礎控除）を使ってコツコツ贈与する。

　但し上記原則はと別に、相続財産に比べてかなり大きな保険金を受け取っている場合には特別受益に準じて「持ち戻しの対象となる」との民法上の議論と最高裁判決があります。

木村: 事例⑧は、「生命保険金がある場合の代償分割は慎重に！」というものです。

　概要は、本来の相続財産は自宅と預貯金あわせて 5,000 万円。相続人は兄と弟の 2 人です。兄は保険金 1 億円を受け取り、弟は上記の相続財産 5,000 万円をすべて相続しました。

　しかし、兄と弟の取得財産のバランスが悪いため、代償分割で兄から弟へ 2,500 万円を支払うことになります。兄は代償債務として支払い、弟は代償債権として受け取ることにしました。さて、この場合の相続税の申告はどうなるか——という事例です。

新井: 今回のケースで一般の方が間違えてしまいやすい考え方としては、次のようなものがあります。
「兄の相続財産は、生命保険金 1 億円を原資として、弟に対して代償金として 2500 万円を払っていますので、合計 7500 万円となる。 一方、弟の相続財産は自宅と預貯金の 5000 万円と、兄から受け取った代償金 2500 万円を加えた合計 7500 万円。こうした内訳で二人の合計は 1 億 5000 万円で相続税申告をすればよい」——。

　こんなふうに考えがちですが、この申告では余計な税金がかかってしまいます。

　結論を先に申し上げますと、正しい申告は次のようになります。

　今回、兄の相続財産は 1 億円、弟の相続財産は本来財産である 5000 万円で、合計 1 億 5000 万円の相続税の課税があります。

　先述のとおり、生命保険金については、受取人の固有の財産として扱われ、遺産分割協議の対象外の財産となります。

　ですから、保険金 1 億円の中から兄が弟へ支払った 2500 万円は、代償債務として課税価格から控除することができません。

　また、兄がその 2500 万円を弟に代償金として支払った場合は贈与と

みなされ、贈与税の課税が発生してしまいます。

　つまり、本来の1億5000万円の相続税に加えて、さらに兄から弟への2500万円に対する贈与税がプラスされてしまうわけです。

　「こうすればよかった」という点は、次のように整理できます。

　そもそも代償分割とは本来の相続財産を現物分割することに代えて行われるものです。しかし、保険金は受取人固有の財産であって、代償分割の目的となるべき現物分割の対象財産とはなり得ません。

　ですから、2500万円を代償債務として課税価格から控除することはできず、その結果、弟に対して2500万円の贈与税課税が起こってしまうわけです。

　これを避ける方法としては、暦年贈与、つまり毎年110万円の基礎控除を使って、兄と弟のアンバランスな部分をコツコツ贈与することで調整していくことも考えられます。

　ただし、先ほど申し上げた原則とは別に、相続財産に比べてかなり大きな保険金を受け取っている場合には、特別受益に準じて「持ち戻しの対象となる」との民法上の議論と最高裁判決があります。

　このように受け取った金額に相続人間であまりにも大きな差がある場合には、特別受益の 議論が出てくる可能性がありますので、非常に慎重な判断が必要になってきます。

木村：　今回のケースは、お兄さんが仮に1億円から2500万円を支払ったとしても、お兄さんが1億円の保険金をもらい、弟が5000万円の遺産をもらった合計の1億5000万円に対して相続税がかかる。さらに、お兄さんが弟に2500万円を支払ったことに対して、弟は贈与税の申告もしなければいけない――ということですね。2回税金がかかることになりますのでご注意ください。

また代償分割というのは、最初に申し上げた通り、遺産を多くもらうから代わりに現金を払うというのが一般的ですが、このケースでは遺産が 5000 万円しかなくて、弟がそのすべてをもらい、兄の 1 億円というのは遺産ではなく、兄の固有の財産であるので、代償分割は成り立たないということですね。

新井：　はいそうです。

まとめ

．．

木村：　今回のまとめです。
・生命保険金の受取人の変更のタイミングを逃さない
・契約書の内容を変えてもお金の受け取りがなければ課税はない
・保険契約者に課税されるのではなく、保険料負担者の財産として相続税及び贈与税は課税される。
・生命保険契約照会制度を必ず利用する
・生命保険は出口課税である

　生命保険について最後に一言申し上げておくと、生命保険に勧誘されると「自分の死を連想するから嫌だ」と敬遠する方がいらっしゃいますが、よく考えれば生命保険にはいくつか面白い機能があります。
　例えば、「非課税」の機能、「あげたい人にお金が届く」機能、そして、「受取人にすぐにキャッシュが入るので、それを生活費として使える」という機能です。
　こういった点に着目されて生命保険に加入されるといいでしょう。

第 4 回

相続の誤解
& 相続税の誤解
〜よくある勘違い〜

対談者：香田 涼

序

木村：　第4回は、相続の誤解が3つ、相続税の誤解が3つあります。

相続の誤解

▷ ①遺言があるから遺産分割ができない

ゴカイ

　遺言は絶対的なものだから、相続人全員が納得しなくてもその遺言に従わなければならない。

ナゼ？

遺言で財産を残された相続人が放棄することもできます！
　特定遺贈＝いつでも放棄ができる
　包括遺贈＝相続開始後3ヶ月以内に相続放棄の手続きを行う

ドウスレバ

遺言書の内容と異なる遺産の分割と贈与税

木村： まず相続の誤解の１つ目は、「遺言があるから遺産分割ができない」というものです。

　例えば、お父さんが書いた遺言があるときに、「遺言は絶対的なものだから、相続人の全員が納得しなくてもその遺言に従わなければならない」という話があります。しかし相続人の全員が納得していれば、どのような遺産分割もできるんです。

　お父さんにはお父さんの考え方があって、そのような遺言を書いた――例えば「お母さんに全部渡す」と書いたとしても、相続人全員が「いやいや、みんなで話し合って何等分かにしようよ」とみんなが納得していればいいわけです。その場合には、お母さんが全部もらうことを放棄した上で、相続人全員で遺産分割をして申告することもできる。

　特定遺贈はいつでも放棄ができるし、包括遺贈も相続開始後３ヵ月以内に相続放棄の手続きを行うという話ですが、実務上両方とも出来ることになっていますので、勘違いをしないようにしていただければと思います。

　それでどうすればいいかということですが、国税庁の照会事項がありますね（遺言書の内容と異なる遺産の分割と贈与税）。

///

【照会要旨】

　被相続人甲は、全遺産を丙(三男)に与える旨(包括遺贈)の公正証書による遺言書を残していましたが、相続人全員で遺言書の内容と異なる遺産の分割協議を行い、その遺産は、乙(甲の妻)が1/2、丙が1/2それぞれ取得しました。この場合、贈与税の課税関係は生じないものと解してよろしいですか。

【回答要旨】

　相続人全員の協議で遺言書の内容と異なる遺産の分割をしたということは(仮に放棄の手続きがされていなくても)、包括受遺者である丙が包括遺贈を事実上放棄し(この場合、丙は相続人としての権利・義務は有しています)、共同相続人間で遺産分割が行われたとみて差し支えありません。したがって、照会の場合には、原則として贈与税の課税は生じないことになります。

///

木村：　国税庁があえてこれを書いたということは、遺言に従わなくてはならないということに人々が窮屈に感じている空気があり、こういう情報を載せたと思います。香田さん、何か気になることはありますか。

香田：　特定遺贈とは、遺言者が相続財産のうち特定の財産を具体的に特定して指定した人に遺贈すること。包括遺贈とは、特定の財産ではなく相続財産の全部又は一定の割合分を特定の人に遺贈すること。と理解しています。木村さんのお話では、「特定遺贈はいつでも放棄ができ、包括遺贈も相続開始後3ヵ月以内に相続放棄の手続きを行うことで放棄できる」ということですが、放棄後に相続人全員で協議、つまり一般

的な遺産分割協議をすることで遺言内容とは異なる遺産分割を行うことが可能と思っていいのでしょうか。

木村：　そうです。まず包括遺贈は相続開始後３ヵ月以内に、裁判所で手続きをするのが前提ですが、相続人の場合は一部放棄ということも理屈上ありえるので、回答用紙にも書いてあるようにそんなに厳密に……仮に放棄の手続きがされていなくても、それは包括受遺者である丙が包括遺贈を事実上、一部放棄して、「半分はお母様に。半分は自分に」という遺産分割協議があったのなら、それはそれでいいと思いますよと。

　なぜこれがそうなっているかというと、納税が増える話ではないからです。相続人間でどうやって分けるかという話なので、「そこは柔軟に考えましょう」ということだと思います。これに他人が入ってくるとまた違うのですが……。

▷ ②身上介護や看護をしたら相続財産がもらえる

ゴカイ	

　亡くなる最期まで面倒を見たのは私だから、亡くなった人の財産の
うち何割かはもらえる権利があるはず！

ナゼ？	

　亡くなった人の相続人でなければ何も相続することはできません。
※ 2019 年 7 月 1 日から、無償で被相続人に対する療養看護等をした
被相続人の親族は特別寄与料を請求できることになりました

ドウスレバ	

　生前に贈与でもらうか、遺言に「〇〇には〇をいくら遺贈する」と
書いておいてもらう

木村：　相続に関する 2 つ目の誤解を、香田さんから解説お願いします。

香田：　一般的に誤解されている話として、「亡くなる最期まで面倒を
見たのは私だから、亡くなった人の財産のうち何割かはもらえる権利が
あるはずだ」ということがあります。

　結論から申し上げますと、亡くなった人の相続人でなければ何も相続
することはできません！　ただし、2019 年 7 月 1 日から、無償で被相
続人に対する療養看護等をした被相続人の親族は特別寄与料を請求でき
ることになりました。

　では、どうすればよかったかということですが、生前に贈与でもらう
か、または遺言で「〇〇には〇をいくら遺贈する」と書いておいてもら

うべきでした。

木村： 2019年7月からの特別寄与料というのは、どんな人が対象なのですか。

香田： 例えば、長男のお嫁さんです。長男夫婦は同居しており、お祖父ちゃんお祖母ちゃんの世話をしていました。お祖父ちゃんが亡くなった後は、お祖母ちゃんの面倒を見ていました。

　お嫁さんは義理のお母さんの下の世話までずっとしてきたのに相続権がありません。これはおかしいじゃないかと。これまでは贈与という形でしかもらえなかった。

　それが今回は、特別寄与料という民法上の制度をつくったことによって、相続でもらえることになりました。民法上に以前からある寄与分は相続人に限定されますが、この特別寄与料は相続人に限定されません。

木村： そのとき、お嫁さんがもし特別寄与料2000万円をもらったときに、相続税はかかるのですか。何か注意点はありますか。

香田： お嫁さんは相続人ではないので、2割加算の対象になります。そのときに我々はもう一歩踏み込んで、「2割増えてしまうのはもったいないので、その分を旦那さんの方につけてください」という提案もすべきでしょう。

　お嫁さんが2割加算になっても急いでもらいたいなら相続で処理することになりますが、それほど急ぐ話でなければ自分のもらう分を旦那さんにつけて、旦那さんから毎年100万円ずつ10年もらえば1000万円になる。20年もらえば2000万円です。そうした提案もできます。

▷ ③未分割の自社株の行方は

> ### ゴカイ
>
> 　遺産分割が済んでいない株式は預金と同じであるから、法定相続分の株数に対しては当然権利行使できると考えている
>
> ### ナゼ？
>
> 　相続財産としての株式が未分割の場合には、相続人全員で相続財産としての株式の議決権行使者を決めなければならない！
>
> **■誤った理解**
>
> 60 株：3 人＝ 20 株
>
> A 40 株 +20 株＝ 60 株　　B ＝ 20 株　　C ＝ 20 株
>
> **■正しい理解**
>
> B と C が手を握り、B が議決権行使者となる
>
> その結果、A40 株 VS.（B+C）60 株　→ B チームの勝ち
>
> A は社長の座を追われる可能性がある
>
> ### ドウスレバ
>
> 　自社株については遺言で「60 株全て A に相続させる」と書いておく必要がある

木村：　相続に関する誤解の 3 つめは、未分割の自社株の行方です。「遺産分割が済んでいない株式は預金と同じであるから、法定相続分の株数に対しては当然権利行使できると考えている」というものですね。

　この事例では、100 株持っていたものを、生前に親父は長男（A）に40 株を渡していて、次男（B）、三男（C）は 0 株。お母さんは以前死

亡されています。

　40株持っている長男は、そこでどう考えるか。未分割だといっても相続財産の60株を兄弟3人で割って1人20株ずつ分ければいい。自分は「40株＋20株＝60株」となるから、これからは自分が何でも決められると誤解してしまうのですね。

　正しい理解というのは、相続財産としての株式が未分割の場合には、相続人全員で相続財産としての株式の議決権行使者を決めなければいけません。つまり、BとCが手を組んで、Bが議決権行使者となると、「A40株　VS.　B（とC）60株」となって、Aは負けるので、Aは社長の座を追われる可能性があります。

　では、どうすればよかったのかというと、自社株については預金と同じ割り算方式ではないので、遺言で「60株全てAに相続させる」と書いておく必要があります。そうしないと後継者が路頭に迷うということにもなります。香田さん、何か質問はありますか。

香田：　対策としては、必ず遺言で「60株全てAに相続させる」と書いておくということでしたが、長男Aの立場からは、社長の座を守るために父親の生前に何かできることはあったのでしょうか。

木村：　父親を大事にすることです。父親を大事にした上で、「自分はこの会社をきちんとやっていく。困らないように、こんなケースにならないように、せめて自社株だけは全部自分に相続させるという遺言書を書いておいてよ」と言って、顧問税理士も含めて決めておかなければいけないのです。怖い話はたくさんありますよ。

相続税の誤解

▷ ①孫への遺贈で 3 年内加算も

| ゴカイ |

　孫への 3 年内贈与は持ち戻しされないと思っていたが、遺言で孫に贈与すると書いていたら 3 年内に取り込まれてしまった（孫受取の生命保険金も同じ）

| ナゼ？ |

　相続又は遺贈により財産を取得した者は、3 年内加算の対象となります。

| ドウスレバ |

　孫には相続又は遺贈で何も取得させないこと→単純に生前贈与のみ行う

木村：　相続税の誤解の 1 つ目は、「孫への遺贈で 3 年内加算も」ということです。

「孫への 3 年内贈与は持ち戻しされないと思っていたが、遺言で孫に遺贈すると書いていたら 3 年内に取り込まれてしまった」と。これは孫受取の生命保険金も同じです。

　なぜならば、相続又は遺贈により財産を取得した者は、1 年前 2 年前にもらったものも 3 年内加算の対象となるからです。

では、どうすればよかったかというと、孫には相続又は遺贈で何も取得させないことです。あげるのであれば、単純に生前贈与のみを行うのです。

　今、孫受け取りの生命保険の話にも触れましたが、良かれと思って、生命保険金を孫にやるケースがけっこうあります。これでけっこうみんな引っかかっている。だから、生命保険金も含めて、遺言であげないようにすることが大事です。香田さん、何かありますか。

香田：　お祖父ちゃんが「これは孫に遺した分だから」と書いたメモみたいなものでは３年内加算にはならないということでいいでしょうか。

木村：　それが法律上、正しい権利かということです。生命保険金の場合には、受取人になっていたら完全にもらわなければいけないでしょう？　でも、遺言の場合は それが正式なものであっても放棄ができる。もらわない権利もありますから。そうすれば３年内加算はありません。

　そこは我々のように相続に詳しい人間が入って、「これくらいの金額だったらもらわないで、一回自分の親に相続してもらって、そこから贈与でもらいましょうよ」と言った方がいいかもしれませんね。

▷ ②妻の名義預金と配偶者の税額控除の適用

ゴカイ

　相続税申告前に配偶者の妻は相続税調査で妻名義の名義預金が指摘されたとしても配偶者の税額軽減が当然受けられると安易に考えていた。

ナゼ？

相続税調査で妻名義の名義預金が発見された場合、現場の税務調査官から「自分のモノでないと知っていて隠した」「そこに仮装または隠ぺいする意図がある」と認定されて配偶者の税額軽減が使えなくなってしまう可能性がある！

ドウスレバ

当初の申告前から名義預金については慎重な検討を行い、妻のものであるという確証（自分で働いて貯めた、実家の相続でもらった、生前贈与でもらった、持参金としてもってきた）がない場合には、当初から相続財産として計上して配偶者の軽減税率の適用を受ける方が有利となるケースが多い。

木村： 次の誤解は、妻の名義預金と配偶者の税額軽減の適用です。香田さん、概要をお願いします。

香田： 一般的に誤解されている部分として、「相続税申告前に、配偶者である奥さんは相続税調査で妻名義の名義預金が指摘されたとしても、配偶者の税額軽減が当然受けられる」と安易に考えていることがあります。

　それは大変な誤解です。なぜなら相続税調査で妻名義の名義預金が発見された場合、現場の税務調査官から「自分のものでないと知っていて隠した」あるいは、「そこに仮装または隠ぺいする意図がある」と認定されて配偶者の税額軽減が使えなくなってしまう可能性があるからです。

　では、どうすればよいかというと、当初の申告前から名義預金については慎重な検討を行い、妻のものであるという確証 (例えば、「自分で働いて貯めた」、「実家の相続でもらった」、「生前贈与でもらった」、「持参金としてもってきた」等) がない場合には、当初から相続財産として計上して配偶者の税額軽減の適用を受ける方が有利となるケースが多いということです。

木村： よくあるのが、まずこの名義預金について、後出しの場合、税務署が調査に来て、奥さんに「それが自分のものである確証があったら言ってください」と言います。「あなた郵便貯金が3000万円あるじゃないですか。それはあなたが働いたものですか。あなたの実家からもらったものですか。違いますよね？　あなたのご主人からもらったものですよね。」と。

　そのときに、なかなか言い出せないんですね。生前贈与で もらったものであるという確証がないのに、「これは自分のものである」と言い

出さなかった。

　そうなると、「自分のものでないと知っていて隠し、仮装または隠ぺいする意図があるから配偶者の税額軽減が使えませんよ」と言われてしまうという話です。

　もっと具体的に説明すると、例えば今、奥さんに財産が8000万円ありました。配偶者の税額軽減として1億6000万円まで枠があります。そこに奥様名義の名義預金が4000万円ある。

　それを当初から出すやり方（計1億2000万円）と、出さないやり方（8000万円）があります。税務署が調査に来た場合、自分のものであるという確証がないと知っていて隠していたとすると、「仮装または隠ぺいする意図があるので配偶者の税額軽減が使えませんよ」となってしまうわけです。

　だから我々は、奥様には、「説明のつかないものであるならば、最初から出した方が有利なんです。私たちはそれをお勧めしますけど、ありますか」とよく説明します。

香田：　奥様としてはかなり前にご主人からもらっていたお金であり、長年、自分で運用管理をしていたために申告をしていなかった──というケースで、我々はどのようにお客様を守ってあげたらいいでしょうか。

木村：　税務署が調査に来るということは、もっとあるはずだと思っていることが想定できます。であれば、調査官には最初にこう言っておくわけです。

　「調査官はプロで、納税者は素人です。理解不足、あるいは、私ども会計事務所の説明が悪くて、奥様にきちんと理解していただいていない箇所があるかもしれません。ですから、午前中にある指摘を受けてAと

言ったことを、午後に B と言ったとしても、それはプロ対素人で、今は緊張しているので、YES と答えなければいけないと思って、本来は NO と言わなければいけないところを YES と言ってしまう可能性があります。そこは割り引いてください。あとは、人間の記憶なんて曖昧なので、例えば、3 年前の 800 万円のことは憶えていても、6 年前の 1000 万円のことは忘れているかもしれない。そのときに納税者の勘違いしていることもあるので、そこも割り引いてください」

　そうすれば、「ないと言ったじゃないですか」と指摘されたときに、「だから緊張して勘違いもあると言ったじゃないですか。悪意はないんです」と言えますよね。それでも納得してもらえなければ、「納税者と話して事情説明書をつくりますからそれを読んでください」と言って、そこで議論すればいい。そういうことを数こなしていくと力が付いていきます。

> ### ゴカイ
>
> 　長男は医者で、父所有の敷地でクリニックを運営していた。父は「そのクリニックの敷地（C地）のみを長男に相続させる」旨の遺言を作成していた。他にアパート敷地AとアパートB敷地Bがあったが、遺言書には書かれていなかった。父が亡くなり、相続人は長男、二男、三男、の三人である。この場合、長男は遺言があるので長男が取得するクリニック敷地で特定事業用の特例は当然に受けられると考えている
>
> ### ナゼ？
>
> 　小規模宅地の特例を受けるためには分割かつ同意が必要である。しかし分割はできているが合意がとれていない
>
> 　　分割＝遺言又は遺産分割協議書で取得する人が決まっていること
>
> 　　同意＝どの特例敷地から何㎡を誰が適応を受けるかを相続人全員
> 　　　　　と合意すること
>
> 　アパート敷地AとBは未分割により長男、二男、三男の三人で話し合って、
>
> 　　○まず誰がA地とB地を相続するかを決めて
>
> 　　○次にC地、A地、B地からそれぞれ何㎡ずつ特例を適用するか
> 　　　同意する必要があります

木村：　相続税に関する誤解の３つ目は、「中途半端な遺言では小規模宅地等の特例は使えません」ということです。

　長男は医者で、父所有の敷地でクリニックを運営していた。父は「そ

のクリニックの敷地（C地）のみを長男に相続させる」旨の遺言を作成していた。他にアパート敷地Aとアパート敷地Bがあったが、遺言書には書かれていなかった。父が亡くなり、相続人は長男、二男、三男の三人である。この場合、長男は遺言があるので、長男が取得するクリニック敷地で特定事業用の特例は当然に受けられると考えている——という事例ですが、それは誤解です。

　なぜかというと、小規模宅地等の特例を受けるためには分割かつ同意が必要でありますが、この場合、分割はできているが同意がとれていない。分割とはどういうことかというと、【分割＝遺言又は遺産分割協議書で取得する人が決まっていること】、一方、【同意＝どの特例敷地からの何㎡を誰が適用をうけるかを適用対象不動産を取得する相続人全員と合意すること】となります。
　つまりアパート敷地AとBは未分割により、長男、二男、三男の3人で話し合って、まず誰がA地とB地を相続するかを決めて、次に、C地、A地、B地からそれぞれ何㎡ずつ特例を適用するかを同意する必要があります。

　結論は、こういう場合、「クリニックの敷地（C地）は長男に相続させ、アパート敷地（A地）は二男に相続させ、アパート敷地（B地）は三男に相続させる」という明確な遺言書がない限り。
　クリニックの敷地（C地）の特例適用対象者は長男なのですが、アパート敷地については貸付用と調整計算が必要になるので、それとの関係があって、全部C地から適用できないんですね。だからこんなことが起きますので、中途半端な遺言書は書かないでください、ということです。香田さん、何かありますか。

香田： お父さんが生前、遺言を書く際には、長男・二男・三男にも説明し、同意を取ることが必要だということでしょうか？ 遺言の内容を生前には明かしたくないという方もいらっしゃると思うのですが、そのような方はどうしたらいいのでしょうか？

木村： 話し合いがまとまらないことが想定できるのであれば、いいか悪いかは別として、A地、B地、C地、全てを長男に相続させる。長男は、二男と三男に遺留分相当の代償金を支払う」という遺言をつくります。この場合適用対象者は長男一人ですから、長男は自分でどの土地から何㎡適用するかを選択することができます、極論すると、遺言書というのは、「特例適用者が自由にできるような形を作ってあげられるといいですね」という趣旨です。

　　ただ分ければいいと思っている方も多いので、そこは知識のある我々税理士に相談していただくのがベストだと思います。

香田： 単純に分けるだけの遺言書を作ってしまうと、節税できなくなるということですね。 遺言書を作る段階から、我々税理士にも相談して欲しいものですね。

木村： この案件は訴訟まで行って、東京高裁で納税者が負けました。なぜかというと、「C地について、医者である長男しか適用できない。二男と三男は医者ではないので適用対象外ではないか。だから、C地で認めるべきではないか」と主張したのですが、「そうではないよ。A地、B地からの調整計算があるんですよ。その同意がないと適用は受けられませんよ」ということです。

第 5 回

妻の老後の生活が心配になり、妻の口座に入金した現金が問題となった事例

対談者：川邊 知明

序

....

木村： 今回は、「妻の老後の生活が心配になり、妻の口座に入金した現金が問題となった事例」ということですね。これも開示請求をして、国税不服審判所の裁決例を取った事例です。

事案の概要

....

木村： 争点が２つあります。争点１は、「この現金が相続財産となるかどうか」、そして、争点２は、「相続人に隠ぺい仮装行為があったかどうか」です。

　いろいろ聞いてみると、この案件は、「３・１１　東日本大震災」が絡んだ事案のようです。震災でご自宅が水に浸かってしまった。そこからたくさんの１万円札がぷかぷかと浮いて出てきたので、それを集めて天日干しをして銀行に持ち込んだ。全部で１億円です。

　いろいろな経緯があって、そのお金を妻の名義の口座に入れておいたところ、４、５年後に相続が発生して、相続税調査が行われたという事案ですね。

川邊： そのとき調査官は妻に、「あなたの預金で何か説明できないものがありますか？」と尋ねたことでしょう。推測ですが、妻も忘れているので「ない」と言い、その１億円のことを指摘されても、「タンス預金を入れたんですよ」とでも言ったのではないかと思います。相続税調査は１日だけですから、その場では結論が出ず、結果として亡くなった人の相続財産ということになった。

　また、自分のものではないと知っていて隠した、仮装または隠ぺいがあり、重加算税の賦課決定処分が出たということです。

▷ 事実

事案の概要

○ 相続人らが被相続人の預け金を相続税の当初申告において相続財産として申告しなかったことは、隠ぺい又は仮装の行為に当たるとして、重加算税の賦課決定処分を受けたのに対し、

○ 相続人らが、隠ぺい又は仮装の行為はないとし、また、相続人のした配偶者に対する相続税額の軽減などを求めた更正の請求について、更正をすべき理由がない旨の通知処分を受けたのに対し、

○ 相続人らが、隠ぺい仮装行為はないとして、原処分の一部の取り消しを求めた事案である。

基礎事実

○ 被相続人と相続人は、その居住していた自宅から、相続人の住居に一時的に避難した。

○ 被相続人夫妻、相続人及び相続人の配偶者は、被相続人の自宅から、現金を収集し、相続人の住居に持ち帰った。

○ なお、この現金は、相続人が被相続人の自宅において、管理していたものであった。

○ 相続人らは、この現金を銀行に持ち込み、相続人名義の普通預金口座を開設した後、計4回に分けて、この現金をその口座に順次入金した。

木村： 聞くところによると、どこかの相続セミナーに参加して重加算税のことを聞き、一度更正処分されたことに対して、あるいは、賦課決定処分に対しても更正の請求をしたのですが、たしか、再調査の請求では蹴られて、国税不服審判所に行って……。結果的に、(1) この現金は相続財産となる、(2) 相続人の行為は隠ぺい仮装行為にあたらない、という判断になっています。

　川邊さん、何か疑問点はありますか。

川邊： タンス預金していたお金を自分の口座に入れただけなのに、なぜ税務署が指摘をして、課税されなければならなかったのかが疑問です。

木村： そうですよね。その辺のところも争いになっているんですが、「そのお金は自分のものだ」と言う以上は、それを稼げる所得があり、その金額まで積み上がるにふさわしい所得だったかどうかという観点から、税務署と論争になったわけです。

争点①本件預け金は、相続に係る相続財産か否か

▷ 双方の主張

相続人
○ 相続人が得た被相続人の事業の専従者としての給与は、数千万円で、
○ 所得税法に規定する青色事業専従者としての給与及び役員給与との合計額は、この現金の額を上回ることから、この現金の全てが相続人に帰属するとの主張には合理性がある。
○ また、この現金は、青色専従者給与、専従者給与、役員給与及び国民年金などの収入並びに被相続人から贈与を受けた金員などを原資とするものであることに加えて、
○ 相続人が自宅の相続人が寝起きする部屋の金庫やタンスの引き出し等で保管管理し占有していたのであるから、相続人固有の財産であったといえる。
○ 仮に、この現金の原資が被相続人の固有の財産であったとしても、相続人は被相続人の指示に基づき、
○ この口座を開設してこの現金を入金したことは、被相続人の相続人に対する財産的利益の付与であって、
○ 被相続人の相続人に対する贈与に当たる。
○ また、贈与に当たらないとしても、贈与とみなして相続税法第9条に規定する贈与税を課税するべきである。
○ 相続人は、この現金を被相続人から預かった事実はない。
○ また、この現金の一部の原資が被相続人の収入であったとしても、この現金は、本件口座に入金された時点で、相続人の固有の財産となる。

○　相続人の相続開始日までの固有の収入は、青色専従者給与、役員給与及び国民年金であり、

○　証拠上認められる相続人の相続開始日までの貯蓄可能額は、XXX万円であり、

○　このうち、役員給与及び国民年金は、いずれも相続人名義の普通預金口座に振り込まれていたところ、

○　相続開始日までの間、その口座に目立った出金がなく、

○　これは相続開始日における相続人の貯蓄可能額 XXX 万円を上回り、

○　このようなこの口座の残高と相続人の貯蓄可能額から見て、これとは別に相続人が、その固有の財産としてこの現金の原資を出捐することはできない。

○　また、相続人は、調査担当職員に対し、この現金について、相続人の収入で貯めたお金ではなく、被相続人のものである旨を申述している。

○　以上を鑑みれば、この現金の原資は、開業をしていたときの被相続人の収入以外には考えられない。

○　相続人が贈与税の申告書を提出した事実はなく、ほかに相続人が被相続人から贈与を受けたことを認定し得る証拠も確認されていないから、この現金の所有権が相続人へ移転したことは認められない。

○　修正申告書には、この現金が預け金として相続税の課税価格に含まれている。

木村：　まず相続人の主張から見ていきましょう。

　相続人（配偶者）が得た被相続人の事業の専従者としての給与は数千万円あった。ここはお医者さんの家系で、昔から個人事業をやっていました。青色事業専従者としての給与および役員給与はたくさんもらい、基本的には全部貯めてきた、と。

　ここは医療法人成りをしているんです。おそらく誰か子供さんが医者になって法人をつくり、そこからも役員給与をもらっていた。

　また、この現金は、個人事業のときは青色専従者給与を、医療法人になってからは役員給与および国民年金などの収入があり、さらに被相続人から贈与を受けた金員などを原資とするものだった。つまり、自分のお金だったんですよということを強調しているわけです。

川邊：　それに対して税務署は何と言っているかというと、「亡くなった方と配偶者の過去の収入所得を並べると、被相続人の金額の方がはるかに大きい。相続の開始の日までに貯蓄可能額はそんなには高くなかったのではないか？」と。これはマスキングされていてハッキリわかりませんが、そのような感じですね。

　また、相続人は、「自宅の、相続人が寝起きする部屋の金庫やタンスの引き出しなどで保管管理し占有していたのだから、これは相続人固有の財産であったといえる」と主張しています。

木村：　それに対して税務署は、「タンス預金だと主張するなら、当然のことながら自分に振り込まれる給料を一回引き出さなければいけないが、相続開始までにその口座に目立った出金がない。ということは、自分の口座から下ろしてはないですよね」と。そして、この口座の残高と相続人の貯蓄可能額からみて、これとは別に相続人が、その固有の財産としてこの現金の原資を出捐することはできない——つまり、「この相

続開始日における貯蓄可能額は、あなたの年収に比べて大きすぎますよ」
という話がありました。

　川邊さん、何か疑問点はありますか。

川邊：　税務署側としては推定の話をしてくるので、こちら側から「本
当に自分のお金だ」と主張しても税務署の推定の計算が勝ってしまう、
自分で貯めたタンス預金であることを自分で証明しないと税務署は認め
てくれないんですね。

木村：　奥様が専業主婦であれば所得0ですから、ご夫婦の収入は10
対0であり、また実家からもらったという前提もなければ、「手持ちの
現金は自分のものだ」と主張しても、全てご主人のものではないかと認
定されやすい。しかし、一定の所得があると税務署はどうやるかと言う
と、ご主人の過去10年の平均所得と奥様の過去10年の平均所得を見
ます。例えば、ご主人の平均所得が10年間で2000万円、奥様の方の
年間平均所得が500万円だったとします。そうすると夫婦の預金を集
めて合算して20/25と、5/25に分けてみて、ご主人名義の預金と奥様
名義の預金でどのぐらい差異があるかを比べて、ニアリーであれば問題
ない。その辺のチェックをします。

川邊：　そうすると一般的には、ご主人の方にあるべきものが配偶者の
方に偏っている。例えば、ご主人名義の預金が5000万円で、配偶者名
義の預金が8000万円あったときに、20/25と、5/25で考えたときには、
ご主人の方に1億400万円あるべきなのに、5000万円しかないとなっ
たときに、生前に明確な贈与がなければ、説明できませんね。結構これ
で負けたりしている過去の事例もあります。

　夫婦がお互い働いているときには、お互いの収入所得の比較から入る

ということだと思います。

木村：　次に、ここは面白いのですが、相続人は、仮にこの現金の原資が被相続人の固有の財産であったとしても、つまり、ご主人のものだったとしても相続人は被相続人の指示に基づき、この口座を開設してこの現金を入金したことは、被相続人の相続人に対する財産的利益の付与であって、被相続人の相続人に対する贈与に当たる。また、贈与に当たらないとしても、贈与とみなして相続税法第9条に規定する贈与税を課税するべきだと主張しています。

　これは、みなし贈与だということで、簡単に言うと、「実は調査したときには入金していたときから6年過ぎていて時効ですよ。贈与に当たらないとしても、相続税法第9条に規定する贈与税を課税するべきだ」と。6年過ぎていて、贈与課税できないことを前提にこういう主張をしたようです。だから、「この現金は贈与でもらったもので、亡くなった主人から預かったものではない」という話です。

川邊：　これに対して税務署は、「相続人は、調査担当職員に対し、この現金について、相続人の収入で貯めたお金ではなく、被相続人のものである旨を申述している」としています。

　それを考えれば、「この現金の原資は、開業をしていたときの被相続人の収入以外には考えられない」と。

木村：　また、「相続人が贈与税の申告書を提出した事実はなく、ほかに相続人が被相続人から贈与を受けたことを認定し得る証拠も確認されていないから、贈与なんていう事実はなかった。この現金の所有権が相続人へ移転したことは認められませんよ」と言っているわけです。

川邊： 相続税法第9条では名義が移っていた場合は贈与とみなされて課税されるという規定になっています。この規定があるにも関わらず贈与税申告書を提出していないとか、もらった確認ができない場合には贈与にならないのは何故なのかな、と。

木村： そうですね。いいところを突いていますね。確か相続税の個別通達に名義使用通達というのがあります。簡単に言うと、そのお金を一定のところに入れたことによって「原則、それは贈与だ」という話になっていて、今回、そういうことで納税者も主張したと思うのですが、それに対して税務署は、「贈与税の申告とか契約書もないので贈与ではない」と。だから預け金としているわけですが、これはもう少し後で詳しく議論することになるかと思います。

　税務署は、結果として「この現金が預け金として相続税の課税価格に含まれる」と主張したわけです。

争点②相続人らに、通則法第 68 条第 1 項に規定する隠ぺい、または仮装の行為があったか否か

▷ 双方の主張

相続人ら
○ この現金は相続人に帰属するものであり、相続開始日には被相続人の遺産として存在していないのであるから、 ○ 相続人らが当初申告において本件預け金を相続財産として申告しなかったのは当然である。 ○ 仮に、相続人らが被相続人の指示に基づき、この現金をその口座に入金したとしても、その事自体は隠ぺい又は仮装の行為には該当しない。 ○ 税理士は、相続人らに対し、被相続人の収入から作成された財産は被相続人以外の名義であっても相続財産になる旨の説明をしていないのであるから、 ○ 相続人らがこの口座の存在を告げなかったことは意図的なものではない。

税務署

○ 相続人は、担当調査職員に対し、被相続人から、相続人の方が長生きするから相続人の名前で預金口座を作れと言われて本件口座を開設した旨申述したこと、

○ そして、この口座を開設する際、支店の行員に対して、被相続人が医者をしていたので相続人が多額の現金を保有している旨の話をしていた旨、行員が申述し、

○ また、この話を相続人が聞いていると認められることからすると、

○ 相続人らは、この現金が被相続人に帰属するものであることを認識しながら、

○ 相続人が本件口座を開設してこの現金を口座に入金したことは、「事実の歪曲」と評価できる。

○ 相続人らは当初申告において、この口座の存在を告げておらず、そのため相続人らの税務代理人は、

○ 本件預け金を相続財産として申告しない確定申告書を作成し、原処分庁に提出したのであり、これは「事実の脱漏」と評価できる。

木村：　簡単に言うと、仮装または隠ぺいの行為があったか否かということです。

　修正申告をした後に、当然配偶者の税額軽減も使えなくて、なおかつ重加算税が賦課されていますね。その重加算税に該当するかどうかということが次の論点かと思います。

　まず相続人の主張ですが、「この現金は相続人に帰属するものであり、相続開始日には被相続人の遺産として存在していないのであるから、相続人らが当初申告において本件預け金を相続財産として申告しなかったのは当然である。配偶者のものだと思っていたわけですから。仮に、相続人らがご主人の指示に基づき、この現金をその口座に入金したとしても、そのこと自体は隠ぺい、または仮装の行為には該当しない」と。「当初申告した税理士は、相続人らに対して、ご主人の収入から作成された財産は被相続人以外の名義であっても相続財産になる旨の説明をしていないのである」この部分も大事なところですね。

川邊：　それに対して税務署の反論です。

　相続人は、聞き取り調査で調査担当職員に対し、「被相続人から、相続人の方が長生きするから相続人の名前で預金口座を作れと言われて本件口座を開設した旨を申述した。そして、この口座を開設する際、支店の行員に対して、亡くなったご主人が医者をしていたので多額の現金を保有している旨の話をしていた旨、行員が申述している。また、この話を相続人が聞いていると認められることからすると、相続人（配偶者と長女）らは、この現金が被相続人に帰属するものであることを認識しながら、相続人が本件口座を開設してこの現金を口座に入金したことは、『事実の歪曲』簡単に言うと嘘をついたと評価できる。

　また、「相続人らは当初申告において、この口座の存在を告げておらず、そのため相続人らの税務代理人は、本件預け金を相続財産として計

上しない確定申告書を作成し、原処分庁に提出したのであり、これは『事実の脱漏』と評価できる」としています。それで重加算税です。

木村： 一方、相続人は、「相続人らがこの口座の存在を告げなかったことは意図的なものではない」と主張しています。

　川邊さん、相続人の主張である、「仮に、相続人らがご主人の指示に基づき、この現金をその口座に入金したとしても、そのこと自体は隠ぺい、または仮装の行為には該当しない」ということですが、一般論として、仮装または隠ぺい行為に該当するにはどんな事実行為が必要なんでしたっけ？

川邊： 調査のときに嘘をつくこと、偽証すること、書類を偽造すること、あるべき資料を見せないこと、調査に非協力であること、税理士の言う通りに資料を出さないことなどは、外部からうかがい得る特段の行為ということで、重加算税がかけられる。今回は、その辺のところには該当しないと相続人は言っているわけですね。
　あともう一つの論点は、申告書を作った税理士が相続人に対して、「あなたのご主人の収入から作成された財産というのは、簡単に言うと、亡くなった主人名義以外のものであっても相続財産になる」という説明をしていない。だから、自分には非がない、という話です。申告書をつくった先生は、相続にはあまり詳しくなかったのかもしれません。

木村： 自分自身の口座ではなく、新たな口座を作ってそこへ入金をするという行為は仮装または隠ぺい行為には当たらないと相続人は思ったのではないでしょうか。

川邊： 基本的に相続税の申告は、亡くなった人名義の財産の申告しかないと思うのが一般的だと思うので、亡くなった日の直近であれば覚えているかもしれませんが、相続税申告のために5年前6年前のことを質問もされず自分からスラスラと開示することは現実的にはありえない話で、税理士の先生から質問も何もされていないのであれば、自分から開示するような人はあまりいないのではないかと思います。

木村： 昔のことですから結構忘れていますよね。5年6年前に大きな金額を動かして、タンス預金を口座に入れたときには、この方は90歳前後だったはずです。かなりご高齢ですよね。90歳の方に何か憶えていますかと尋ねても、もう忘れていることが多いと思います。

　いくら隠しただの、誰のものだといったことを聞くこと自体が非常に難しいのかもしれませんね。

審判所の判断　争点①

▷ 争点①　本件預け金は、相続に係る相続財産か否か

○ 相続人は、平成29年8月29日、調査担当職員に対し、この口座は、被相続人から、相続人の方が長生きするから相続人の名前で預金口座を作れと言われて開設した旨申述した。

○ なお、申述した事項を記録した質問応答記録書の内容を調査担当職員が相続人に読み聞かせたところ、相続人は、質問応答記録書の内容について訂正を申し出ることはなく問答末尾に署名捺印をした。

○ 仮に、この現金の原資が、被相続人に帰属する財産であった場合、特別な事情がない限り、この現金が相続人によって口座に入金された時点で、

○ 被相続人は相続人に対し、この現金相当額の金銭債権（返還請求権）を取得し、また、この金銭債権は、相続の開始により、相続財産を構成する。

○ 被相続人にはこの現金相当額の貯蓄能力が認められ、相続人にはその能力が認められないことは、この現金の原資が被相続人に帰属する財産であることを強く推認させる。

○ 以上の通り、被相続人及び相続人の貯蓄能力及び相続人の申述等から見て、この現金の原資は被相続人の財産であると強く推認される一方、

○ この推認を妨げるような事情は認められないから、この現金の原資は、被相続人の財産と認められる。

○ そして、特別な事情がない限り、相続開始日において、被相続人は、相続人に対して、この現金相当額の債権を有し、これが本件

修正申告における「この預け金」に当たるところ、

○ 当審判所の調査の結果によっても、特別な事情があったとは認められないから、この預け金は、相続に係る相続財産を構成すると認められる。

○ 現金の入金を許可したことが、直ちに被相続人から相続人へのこの現金の贈与意思の存在を推認させるものとはいえない。

川邊： 税務署が調書を作る際には質問をしてその答えを書いていると思うんですが、専門家に依頼している相続人の心情からすると、細かいことまで答えることはできないと思います。なぜ調書がそこまで自信をもって証拠書類になっているのか疑問ですね。

木村： まさに面白い点であり、それが国税不服審判所の判断の中にも出てくるわけです。

「相続人は、平成 29 年 8 月 29 日、調査担当職員に対し、この口座は、被相続人から、相続人の方が長生きするから相続人の名前で預金口座を作れと言われて開設した旨申述した。

なお、申述した事項を記録した質問応答記録書の内容を調査担当職員が相続人に読み聞かせたところ、相続人は、質問応答記録書の内容について訂正を申し出ることはなく、問答末尾に署名捺印をした。

仮に、この現金の原資が、被相続人に帰属する財産であった場合、特別な事情がない限り、この現金が相続人によって口座に入金された時点で、被相続人は相続人に対し、この現金相当額の金銭債権（返還請求権）を取得し、また、この金銭債権は、相続の開始により、相続財産を構成する」と。

川邊さん、ここにある「申述した事項を記録した質問応答記録書の内容を調査担当職員が相続人に読み聞かせたところ、相続人は、質問応答記録書の内容について訂正を申し出ることはなく、問答末尾に署名捺印をした」という部分についてはどうですか。

川邊：　噂ではかなりの時間がとられたと聞いてますし、調書として成り立つのかなと疑問に思います。税務署の方に「調書を取りますよ」といわれて、本来任意で強制ではないにも関わらず、断れるとは思っていなかったでしょうね。修正もできると思ってサインしたんだと思います。

木村：　質問応答記録書は原則的に任意ですよね。あくまでも任意で納税者に協力を求めるものです。これは一般的にはどういう場合に取るんでしたっけ？

川邊：　納税者にとっては、重加算税をかけられたり、あるいは、更正処分されるときの資料ですかね。相続財産を認定されて、さらに重加算税をかけられるための資料ということですね。

木村：　あともう一つの論点は、「仮に、この現金の原資が、被相続人に帰属する財産であった場合、特別な事情がない限り、この現金が相続人によって口座に入金された時点で、被相続人は相続人に対し、この現金相当額の金銭債権 (返還請求権) を取得し、また、この金銭債権は、相続の開始により、相続財産を構成する」ということですが、この点はどうでしょう？

川邊：　みなし贈与の規定があっても、特別な事情がないと、例えば契約書がないと贈与として認めてくれないのかなと。

木村： たぶんそうでしょうね。我々今の実務からすると、名義使用通達で「そんなことやっちゃ駄目だぞ。贈与認定されるからな」という話がある中で、こういう調査のときには特別な事情がない限り、金銭債権を取得して相続財産になるという話ですかね。おそらく、これが贈与という風になってしまうと6年経過しているから、贈与を認めたら財産認定できないから、ということが、穿った見方をすればあるのかもしれませんね。まあ、そういうことになるよ、と審判所は言っているわけです。

　以下は、審判所の判断です。

「被相続人にはこの現金相当額の貯蓄能力が認められ、相続人にはその能力が認められないことは、この現金の原資が被相続人に帰属する財産であることを強く推認させる」。

　それを受けて、「被相続人及び相続人の貯蓄能力ならびに相続人の申述等から見て、この現金の原資は被相続人の財産であると強く推認される一方、この推認を妨げるような事情は認められないから、この現金の原資は被相続人の財産であると認められる」。

　そして、「特別な事情がない限り、これは贈与のことだと思われますが、相続開始日において、被相続人は相続人に対して、この現金相当額の債権を有し、これが本件修正申告における「この預け金」に当たるところ、当審判所の調査の結果によっても、特別な事情があったとは認められないから、この預け金は、相続に係る相続財産を構成すると認められる」と。

　そして、ここが大事です。「現金の入金を許可したことが、直ちに被相続人から相続人へのこの現金の贈与意思の存在を推認させるものとはいえない」。

　ここは名義使用通達とは大きく違いますが、最近の裁決例等ではこの傾向が強くなっている。

　川邊さん、ここ何かありますか。

川邊：　ここでは推認ということが強くでていて、言いくるめてうまく税金がかかるような形の流れにもっていきたいのかなと。きちっとした証拠、推認されないような形にすることが大事だと思います。

木村：　そうですね。たしかに、納税者にご主人が「お前の口座に入れる」と言ったのだから、「あげるよ」という意思がそこでわかる。納税者が自分の口座に入れたことは、結果として無言のイエスがあった。だから贈与だと言いたかったのでしょうね。

　しかし、審判所は、「いやいや、現金の入金を許可したことが贈与の意思を表明したものではないよ」と判断したということですね。

審判所の判断　争点②

▷ 争点②　相続人らに、通則法第68条第1項に規定する
　　　　　隠ぺい又は仮装の行為があったか否か

- ○ 相続人（母）は、当初申告及び修正申告に係る手続きを相続人（娘）に任せており、税理士への書類の提出や、税理士からの質問に対する受け答え等の対応は、いずれも相続人（娘）により行われた。

- ○ 税理士は、相続人（娘）に対して、相続の開始直前に被相続人の預金口座から引き出した金員があればその明細を提出するよう依頼したが、被相続人以外の名義の財産に係る書類の提出は依頼しなかった。

- ○ 被相続人から、相続人（母）の方が長生きするから相続人の名前で預金口座を作れと言われてこの口座を開設したこと、

- ○ 及び、相続人が、この口座を開設する際、行員に対して、被相続人が医者をしていたので、相続人（娘）が多額の現金を保有している旨の話をし、相続人（母）もこの話を聞いていることからすると、

- ○ 相続人らは、この現金が被相続人に帰属するものであることを認識しながら、相続人がこの口座を開設してこの現金を口座に入金したことは、「事実の歪曲」と評価できる旨主張する。

- ○ しかしながら、必ずしも民法が採用する夫婦別産意識の強いとはいえない夫婦関係においては、様々な理由から、例えば夫の財産を妻の名義で預金がなされることは通常にみられることであり、

- ○ これについて一概に将来の相続税を免れるための事実の歪曲と評価することはできない。

○　本件において、口座の開設は、相続開始日の数年以上前になされ
　　ているのであり、このような相続の開始時期も予想できない時点
　　での相続人名義による口座開設について、
○　これを直ちに、通則法第68条第1項に規定する隠ぺい又は仮装
　　行為とは認め難い。
○　上記の通り、税理士から被相続人以外の名義の財産に係る書類の
　　提出は依頼されなかったというのであるから、相続人が、この口
　　座の存在を伝えなかったことが、
○　過少申告の意図を外部からもうかがい得る特段の行動であったと
　　までは認められない。
○　したがって、原処分庁の主張には理由がない。

木村：　争点②　「相続人らに、通則法第68条第1項に規定する隠ぺい、
または仮装の行為があったか否か」にいきましょう。

　まず、相続人（母）は、当初申告及び修正申告に係る手続きを相続人（子
供＝長女）に任せており、税理士への書類の提出や、税理士からの質問
に対する受け答え等の対応は、いずれも相続人（長女）により行われた。

　税理士は、相続人（長女）に対して、相続の開始直前に被相続人の預
金口座から引き出した金員があればその明細を提出するよう依頼した
が、被相続人以外の名義の財産に係る書類の提出は依頼しなかった。
なおかつ、被相続人（亡くなったご主人）から、配偶者の方が長生きす
るから配偶者の名前で預金口座を作れと言われてこの口座を開設したこ
と、および、配偶者がこの口座を開設する際、行員に対して、被相続人
が医者をしていたので、長女が多額の現金を保有している旨の話をし、
配偶者もこの話を聞いていることからすると、相続人らは、この現金が

被相続人に帰属するものであることを認識しながら、配偶者がこの口座を開設してこの現金を口座に入金したことは、「事実の歪曲」と評価できる旨を税務署は主張している。

川邊：　けれども、次がすごく大事ですね。

「しかしながら、必ずしも民法が採用する夫婦別産意識の強いとはいえない夫婦関係においては、様々な理由から、例えば夫の財産を妻の名義で預金がなされることは通常にみられることである。そして、これについて一概に将来の相続税を免れるための事実の歪曲と評価することはできない」と。

　私はここが最大のポイントかなと思います。

木村：　日本の民法は夫婦別産制ですよ。つまり自分で稼いだものは自分のもの。夫が稼いだものは夫のものというふうに法律的にはなっているけれども、夫婦ってそういうものではないという意識が強い人たちがほとんどなんですね。だから夫の財産を妻名義で預金がなされることは通常にあるんですよということを言っている。これは非常に画期的というか、たしか平成23年頃の東京地裁の判決にも似たような話が出てきます。

　こういう状態なので、単純にご主人のものを奥様名義で仮に入れたとしても、そこは贈与ではないということがわかる。特別な事情はないので名義使用通達は横に置いておいて、こういう風に今の夫婦関係を見ているんだなとひとつわかるわけです。

川邊：　一緒に暮らしているのだから、単純にご主人のお金を妻名義の口座に入れたとしても、これについて一概に将来の相続税を免れるための事実の歪曲と評価することはできない。みんな悪意があってやってい

るわけではないんですよ、と言ってくれたことに意義があるわけです。

木村： 「本件において、口座の開設は、相続開始日の数年以上前になされているのであり、このような相続の開始時期も予想できない時点での相続人名義による口座開設について、これを直ちに、通則法第68条第1項に規定する隠ぺいまたは仮装行為とは認め難い。

　上記の通り、税理士から被相続人以外の名義の財産に係る書類の提出は依頼されなかったというのであるから、相続人が、この口座の存在を伝えなかったことが、過少申告の意図を外部からもうかがい得る特段の行動であったとまでは認められない。したがって、原処分庁の主張には理由がないということになったわけです。

川邊： 税務署が言っている事実の歪曲というのに違和感がありますが、どちらかのお金かわからないし、「夫の金は自分の金だ」と思っている奥様のほうが多い中で、「夫が稼いだお金は私が貢献して稼いだお金だから」という考えは税務署には通じないのかなと。もちろん悪意があれば事実の歪曲なんでしょうけど、もし今回のケースのようなことが事実の歪曲ではない、重加算税ではないと、中立的立場の国税不服審判所も認めてくれなかったらどうなんだろうと思っていたんですけど、安心したという印象ですね。

木村： そうですね。だからこの裁決は非常にフェアな判断をしてくれているということです。繰り返しになりますが、ここから言えることは、「単純にご主人の財産を奥様の口座に入れたときに、それは相続税を免れようと思ってやったわけではない。なぜなら、そういったことは夫婦間では往々にしてあるんですよ」ということを認めてくれたことに意義があるわけです。

また、「本件において、口座の開設は、相続開始日の数年以上前になされているのであり、このような相続の開始時期も予想できない時点での相続人名義による口座開設について、これを直ちに、通則法第68条第1項に規定する隠ぺいまたは仮装行為とは認め難い。

　上記の通り、税理士から被相続人以外の名義の財産に係る書類の提出は依頼されなかったというのであるから、相続人が、この口座の存在を伝えなかったことが、過少申告の意図を外部からもうかがい得る特段の行動であったとまでは認められない。したがって、原処分庁の主張には理由がない」といったことについては、川邊さん、何かありますか。

川邊：　今回の口座開設については、震災が起こって慌ただしい中で入金をして、そこから相続開始までかなり時間が経過しているという事実があります。専門家としましては、こういう本人でない名義の口座に入っている現金や財産の原資が被相続人であるのかないのかについては説明しますし、実務の現場に立っていると名義預金や名義財産の話をしても一回ではわからない方が多くいらっしゃるので、2回3回と言葉を変えながら理解をしていただいています。奥様から「なんで私の財産を開示しなきゃいけないの？」と言われることもありますが、説明を繰り返しながら税務署の考えを説明することを心がけています。

木村：　今言ったように、特に配偶者の方などには丁寧に何回も、言葉を変えて説明することによってご理解いただいて、「じゃあこういったものがあるわ」となって、それが本人のものということが認定できればいいのですが、どうも過去の所得とか収入とかがない、働いたことがないとか、ご実家からの相続でお祖父さんやお祖母さんからもらったということがなかなか理解できない、言えないようなときには、やはり亡くなった方の財産という話になるのでしょうね。

まとめ

(1) 夫が妻の口座へ入金を許可したことが直ちに「妻への現金の贈与意思があった」とはならない。

川邊： お金が動いただけでは難しいので、本来口頭で成立するものですが、贈与契約書ないし、何らかの資料、説明できる資料が必要だと思います。

(2) 夫の財産を妻の名義で預金することは通常みられることである。

川邊： 我々は実際こういうことが裁決で判断されるということをわかりやすく説明する必要があると思います。また、税務署はただ税金が欲しい、追徴課税したいだけで何言っても無駄なんじゃないかと思っている納税者の方も多くて、あまり言いたくないという方もいるんですがこのような正しい認定を審判所がしていることを納税者の方に伝えることで、少し安心してくれるのかなと思います。

(3) 税理士は相続人らに対して、被相続人の収入から作成された財産は、亡くなった人以外の名義であっても相続財産になる旨の説明をしていない。

川邊： さきほどもお話ししましたが、一般の方々は何が名義預金か具体的に聞かれないとわからないと思います。また、質問の仕方によっても理解をしていただけないという経験があります。説明の仕方をその人に合わせて丁寧にするということと、納税者の方も専門家・税理士から説明をされなかったとしても、こういうものが相続財産になるのだということをぜひご理解いただきたいですね。

（4）相続人は、相続に関して正確な知識を有していなかった。

川邊：　一般の人は相続に関して、本当に慣れていない人が多いと思います。

（5）高齢者の質問応答記録書の信ぴょう性。

川邊：　あくまでイメージなのですが、90代となると前日に何が起こったのかについて説明が難しいのかなと思います。ご主人との思い出とか印象に残っていることは覚えていると思うんですが、相続税に関する記憶というのはないと思いますね。

木村：　これはあくまで噂ですが、このとき相続税調査が10時から来て、普通は4時とか4時半で調査官が帰るのですが、このときはどうも5時ギリギリまでやっていた。しかも立ち会っていた税理士の先生が、用事があって帰ってしまった。ということは、その場に残されたのは、調査官2人と90代の配偶者と子供1人。ある意味では、プロ対素人のやり取りの中で、こういう質問応答記録書が取られたわけですね。

川邊：　質問応答記録書のベースを作るのに時間がかかって、その場で文章を作ったと思うんですが、そこから話を聞いて、となると相当時間がかかっていたと思います。ただでさえ知らない人から質問されて疲弊して、頷いたりサインしたりしてしまったのではないか…。

木村：　疲れていて、もうどうでもいい。税務署の人だからそんなに悪意に取らないだろうと思ったのかもしれませんね。我々実務家からすれば、「調査は5時までにしてください」と言うべきだったのかもしれませんね。

川邊： 結論から再確認しますと、妻名義の口座に入金した現金が、結果として妻の預け金という相続財産にはなるけれど、その口座を伝えなかったことは仮装または隠ぺいに該当しないということで、結果として配偶者の税額軽減も使え、重加算税も賦課決定処分も取り消されたという感じですかね。非常に面白いというか、ためになる裁決だったと思います。

5

7

9

10

11

相続税のお尋ねを巡る税務トラブル

安易に書いて返送すると重加算税が!

対談者：泉谷 ひとみ

相続のお尋ねとは

木村：　第6回は、「相続税のお尋ねを巡る税務トラブル〜安易に書いて返送すると重加算税が！〜」です。

　相続税のお尋ねには、二種類あります。一つは相続税の申告等についての「ご案内」。もう一つに、「お知らせ」があります。

相続税の申告等についてのご案内

　この「ご案内」というのはどういうものかというと、これは『週刊税務通信』の記事にもありますが、相続税の課税が見込まれる人に送付される書類です。見込まれるということは、当然のことながら過去に給与等あるいは退職金等の支払調書が出ていて、それがKSK（国税総合管理）システムの中に情報として残っている。「昔高い給料をもらっていたよね」、「昔退職金もらったよね」といったことが、全部、支払調書ということで所轄税務署に流れていますので、当然一部はKSKの入力に行って、もう一部は所轄税務署に行っているわけです。

　そういったところからKSKを叩くと、相続税の申告または申告要否検討表が必要ということですね。納税者が自分で遺産総額を合計して全体の基礎控除に収まれば申告書は不要ですが、「必ず要否の検討表を出してください」と言われるわけですね。

　相続税の申告対象者に来るのが「ご案内」です。まずここまでで泉谷さん、何か気になることや質問はありますか。

泉谷：　ここまでは大丈夫です。

木村：　では、どのような人が相続税の申告案内の対象になるのか、と

▷「ご案内」の Q&A

Q1　「相続税の申告案内」とはなんでしょうか。

A.「相続税の申告案内」は、相続税の課税が見込まれる者に税務署が一定の書類を送付する取組です（本取組）。具体的には、相続税の申告及び納税が必要となるか確認することを対象者に促し、「相続税の申告書」又は「相続税の申告要否検討表」の提出を依頼する書類等を送付します。

　遺産総額が基礎控除内に収まれば「相続税の申告書」の提出は不要ですが、その場合でも、申告の要否を税務署が確認するために、被相続人の財産等を記載した「相続税の申告要否検討表」の提出が推奨されています。

Q3　どのような者が「相続税の申告案内」の対象になるのでしょうか。

A.　本取組では、ＫＳＫシステムにより抽出した「申告案内対象事案」に係る相続人等に書類が送付されます。この「申告案内対象事案」の抽出基準は不明ですが、被相続人の保有見込財産の価額など一定の具体的基準が設けられていると考えられます。この基準は、相続税の課税が見込まれる者を適切に抽出できるよう、適宜見直されるようです。

『週刊税務通信』No. 3425 号より一部抜粋

いうことです。

　KSK システムにより抽出した、申告案内対象事案ということで、抽出基準は不明ですが、おそらく過去の高い給与や退職金、あるいは土地を売ったお金、株を売ったお金などの情報が全部自動的に国税庁にある大型コンピューターに入っています。そういったところから、本取り組みでは「この人が対象者だ」と言う形でピックアップされて出てくるわけです。KSK だけではなくて私たちが毎年やる申告でもいろいろな情報が入っているのってわかりますか。

泉谷：　確定申告です。

木村：　そうですよね。確定申告には、どんな記載事項がありますか？

泉谷：　年間でどのような収入があって、不動産を貸していたり、事業をされていたり、そういったご商売からどういった入金、財産が構成されていて、どういったところに支払いがあるのかといったような取引の関係がわかるようになっています。貸借対照表で財産の状況なども提出しますので、ある程度わかるかなと思います。

木村：　そうですね。あとは、収入所得ですよね。事業所得は、例えば大工さんなのか美容師さんなのか、八百屋さんなのか、収入経費を出しますよね。それが不動産所得であれば、繰り返しですが、どの物件がどこにあって、どの物件のどの部屋からいくら家賃収入が入ってくるかということが分かりますよね。あとは、先ほど言った貸借対照表を付けているわけですから、事業的な財産にはどんなものがあるかがわかるということです。

　次に、所得控除の観点から、泉谷さん、何がわかるか説明してもらえ

174

ますか？

泉谷：　どのような保険契約を結ばれているか、あるいは、配当控除を使ったことで株を持っているかどうかがわかりますし、非上場の株がキャッシュに変わったこともわかります。人的な関係でいえば、扶養の方が何人いらっしゃるか、どういった病院に掛かられているのかがわかります。配偶者がいるのに配偶者控除を取っていない場合は、配偶者の方にも所得があることがわかります。

木村：　あとは、障害者控除や扶養控除からご自身やご家族の一定の生活状況がわかりますね。

　税務署は基本的に7年間ぐらいの申告書を持っていますが、問題は所得からもれる人です。例えば、お医者さんを70歳までやっていました。90歳で亡くなりました。所得はありません。こういった方たちの場合は、どう把握すると思いますか。

泉谷：　医師年金でしょうか。

木村：　そうですね。正式名称は忘れましたが、民間の医師年金というのはすごく率が高くて、公的年金には入らず、こちらだけ入っている人もいるくらいです。

　また、おそらくKSKの中に直近の、最後の所得情報はたぶん入っていると思います。お医者さんは、みんなキャッシュリッチですから。そういった方たちの情報は入っているんじゃないかなと思われますけれども。

　泉谷さんは、「調査が来るから助けて」、あるいは、「お尋ねが来たのですがどう理解すればいいの？」なんて聞かれたことはありますか。

泉谷： はい、ございます。実際に申告業務を受けていない方で、お尋ねが来たので慌てて「どうしよう？」とご相談を受けたことがあります。まず財産の状況を洗い出して、そこから相続の試算をして、「これだと申告が不要ですね」ということになり、弊社の方で代わりに「相続税の申告要否検討表」を作成することを承って、提出しました。

　ただ、相続税の申告を承っている場合でも、やはり税務署から書類が届くというのはびっくりされるようで、皆さんから漏れ無くご連絡をいただいている状況です。

木村： お尋ねも我々にとっては良いお手紙なんですね（笑）。

　ところで、先ほどお話しされた事例で、亡くなった方の職業は何だったのですか。

泉谷： 上場企業のサラリーマンの方でした。

木村： 実は私のケースもあるんです。ある有名な生命保険会社に勤めていたお父さんが、60歳から65歳ぐらいで退職して、80歳ぐらいで亡くなった。相続人は、お母さんとお嬢さん2人。長女の方が財産を調べたところ、「うちは基礎控除の枠に収まったので申告の必要がない」とおっしゃった。僕はそれを聞いて、「でも、お父さんは確か一部上場の大きい生命保険会社でそれなりの地位でしたよね。だから、税務署からご案内が来ると思いますよ」と申し上げました。

　そうしたらドンピシャ、2ヵ月後に来ました。で、「何これ？」と慌てているわけです。

「だから言ったじゃないですか。あなたのお父様は退職までに、お給料の支払調書で、かなり高い金額が出ていた。退職金もおそらくたくさんもらっている。だからKSKシステムというところに入っていて、引っ

かかってきたんですよ」

　でも、伺ってみたら、ご旅行が好きで、ご夫婦で結構あちこち行っていた。奥様のお母様のお洋服も買っていたようです。だから、現役を辞めてからかなりお金を使われていた。残ったのは、ご自宅と預金数千万円だということで、同じく私の方で書いて税務署に出したら、その後何も連絡がないのでおそらく通ったのでしょう。

　ですから、過去に KSK のシステムに入っている人は、現在財産がなくてもご案内は来るという具体的な話でした。そんなケースも多々ありますね。

相続税についてのお知らせ

木村：　先ほどは「ご案内」でしたが、今度は「お知らせ」です。

　何が違うかということなんですが、相続税の申告義務が見込まれる（申告義務が生じる可能性がある）――そうですね、可能性です。ご案内が「100％あなたのお父さん、お母さんは対象ですよ」であるのに対して、お知らせは「ひょっとすると相続税がかかるかもしれません。ですからちゃんと確認してくださいね」ということです。

　具体的には、「一定の要件」と書いてあるのですが、でも、さすがにそこは内部の話ですから不明ですが、相続税法第58条の通知書――これは一般的に内部では「ごっぱち」と言われています。で、これで何がわかるかというと、この「ごっぱち」の中には、亡くなった方の固定資産税の課税明細を入れるらしいんですね。

泉谷：　そうすると、今、相続税の基礎控除は3000万円＋600万円×法定相続人の数ですよね。その固定資産税評価ベースで最初の定額の3000万円前後の方たちにお知らせを送っているのかな、と。

　固定資産税評価は時価に対する7がけですから、時価換算すると4200万円になる。「ひょっとしたら4000万円以上あるのでは？」という話になるので、この「ごっぱち」は大事だということですね。

木村：　あとは「被相続人が一定の者であること」ということですが、おそらく地元の名士、自治会長とかお医者さんとか弁護士とかそういう方々ではないでしょうか。

　お知らせについても相続税の申告要否検討表を添付して送ってくださいね、と。

　お尋ねについては2つありますよ、ということですが、泉谷さん、何

▷「お知らせ」の Q&A

Q2　本取組はどういった者が対象になるのでしょうか。

A．本取組は、相続税の申告義務が見込まれる（申告義務が生じる可能性がある）者が対象となります。主に、相続税の課税ベース拡大に伴って申告義務が生じる層などが想定されます。具体的には、"一定の要件"に該当するものに書類を送付することになっています。

Q3　本取組の対象となる"一定の要件"とはどういったものでしょうか。

A．本取組の対象となる一定の要件の詳細は不明ですが、「"相続税法58条の通知書"に一定の記載等がされているもの」、「被相続人が一定の者であること」といった、4つの要件が付されている模様です。

　この一定の要件は、「相続税の申告書」や「相続税の申告要否検討表」の提出を促す「相続税の申告案内」の対象となる"抽出基準"（No. 3425）よりも形式的なものと考えられます。

『週刊税務通信』No. 3426 号より一部抜粋

かここで気になることはありますか。具体的な事例とか。

泉谷：　お知らせが届いて、「来てください」ということで伺ってお話をお聞きしたことがあります。表現はアレですが、年季の入っているお家でしたので、土地のことだけで送られてきたのかなと思うような案件でした。たしかに広いのですし、2方向に接道していて路線価もまぁまぁ高いんですが、高低差もあり、相続の評価上は地積規模も使えるため、評価するとグッと下がるのですが、確かに固定資産税の評価額だけはある、と。

木村：　やっぱりそこですね。概ね3000万円ルールにかかってきたんですね。「ごっぱち」で。
　で、そのお客様の申告は結局出したのですか。出さなかったのですか。

泉谷：　結局それだけで基礎控除を下回って、あと預貯金はもう何もないという感じで、土地だけでお知らせが来たんですね、という感じで申告は出しませんでした。

木村：　相続財産の概算の、この申告要否検討表は、うちで作って出したのですか。

泉谷：　いえ、それはお客様の方で作って出すということでした。土地だけでお金もないので、ということで。

木村：　その後、たぶん調査は来なかったんですね。

泉谷：　はい。

木村：　ということで、これが相続税法第58条の通知書「ごっぱち」です。

どういう場合に重加算税がかかるのか

木村：　お尋ねというキーワードと重加算税ということですね。ある税務雑誌にあった、すごくわかりやすいフローチャートを引用させていただきます。

　まず上から見ていきますね。積極的な隠ぺい・仮装行為があったかなかったか。「あり」なら重加算税の課税がある。「なし」の場合は、次の3要件が問題になります。①過少申告の意図、②その意図を外部からもうかがい得る特段の行為、③その意図に基づいた過少申告の事実——。

　その全てがあったときには重加算税の課税です。いずれか、または全てなしの場合は、重加算税の課税なしということです。

　泉谷さん、この3つの要件の中で一番大事なのは何かわかりますか。

泉谷：　②です。

木村：　そうですね。よく問題になるのは、過少申告の意図を外部からもうかがい得る特段の行為——これはよく揉めるんですね。

　泉谷さん、今までやった中で外部からうかが得る特段の行為には、どんなものがあるかイメージできますか。

泉谷：　例えば、銀行さんとかそういう方とのお打ち合わせなどで、租税回避と分かるような目的を持って対策したり、「税金が安くなるからこれをやりましょう。相続税を回避することができるからこういう風にしましょう」というような発言があって対策をとった場合……、そういう明らかに分かるようなイメージでしょうか。

木村：　そうですね。ちょっと当たっていて、ちょっとかすっています。

▷ 重加算税のフローチャート

| 積極的な隠ぺい・仮装行為の存在 |

あり　　　　　　　　　なし

①過少申告の意図
②その意図を外部からも
　うかがい得る特段の行為
③その意図に基づいた
　過少申告の事実

・税務調査での偽証
・税務調査での偽装
・資料を見せないなど非協力的

すべてあり　　　　　　　　　　　　　　いずれか
　　　　　　　　　　　　　　　　　　　又は
　　　　　　　　　　　　　　　　　　　すべてなし

| 重加算税の課税 |　　　　| 重加算税の課税なし |

『旬刊 速報税理』2016 年 7 月 21 日 「図説逆転裁決　第 10 回申告義務の有無に関する不知と重加算税」より（一部加筆）、監修 伊川正樹・執筆 鈴木春美

概ね４つぐらいあるんです。１つ目は、税務調査のときに嘘をつく偽証です。２つ目は書類を偽造すること。例えば金銭消費貸借契約書を作ったりですね。３つ目が、あるべき資料を見せない。４つ目は調査非協力。全く協力的ではない。「知らないよ」というケースです。あと、敢えて５つ目を挙げるなら、申告するときに税理士さんが「ほかに資料はありませんか」と言い、本当はあるのに出さなかった――というようなこともたまにありますね。

　この中で一番よく揉めるのは、最初に言った偽証です。この間もあったんですね。名義預金――よくあるのは配偶者名義の預金があって、調査官とこんなやり取りになるわけですよ。

「奥さん、自分で働いたことはありますか？」

「ありません」

「では、ご実家から相続でまとまったものをもらいましたか？」

「もらっていません」

「ご実家からの生前の贈与、あるいは叔父や叔母からの贈与はありますか？」

「忘れちゃったわ」

「そうすると、なぜあなた名義の3000万円があるのか？　おかしいでしょ？　ということはあなたは自分のものではないと知ってたんじゃないですか？」

　ということで隠したから重加算税を――といったことはありますよね。

　でもこのケースでは重加算にはならない。なぜなら、3000万円はありますよと通帳を見せるわけですね。

　一般的な答えとしては、「いやいや、私は知らないけど、生前主人が私の老後の生活のために用意してくれたと思う。知っていて隠したんじゃないんです。自分名義だから主人の相続とは関係ないと思っていま

した」と。

　これは素人の方に、結構あるんですね。そういったところでよくその議論になります。

　だからこそ税務調査のときには、とりあえず家族状況、どういう状況で財産形成ができたかは別として、きちんとあるものを見せることが大事です。

　それから先日も、もう一件ありました。

　配偶者名義の、ある銀行さんの定期預金があった。うちはセカンドオピニオンに入った事例ですが、担当した税理士さんが、「奥さん名義の全財産は税務署に見られますよ」と奥さんに言わなかった。だから、奥さんは基本的に用意していなかったんですね。

　それで調査になって、いきなり「奥さんの預金を見せてください」と言われて、普通預金などは見せたのですが、定期預金証書はどこにしまったか忘れてしまった。そうしたら、先ほど言ったように、あるべきものを見せないということで、4000万円ぐらいあったのですが、「4000万円は重加算に」という話になったらしい。

泉谷：　しかし、奥さんとしては、「いきなり言われたので、どこに置いているか忘れてしまった」ということで、後日定期預金証書を見せたということですね。

木村：　あるのに見せなかったのか、いきなり言われて驚いて、どこに置いたかを忘れていたということでは話が違うわけです。このケースでは、最初から税理士が言っておけばそんなことはなかったわけです。
泉谷さん、何か疑問点ありますか。

泉谷： この３つの要件を文字で見ると、これを全部満たすのはかなり
ハードルが高いのかなと思ってしまいますが、お話の流れをお聞きして
いると、出てこないだけで隠したと簡単に言われてしまうと、ハードル
をあっさり越えてしまうような怖さがあると思います。

木村： ですから今、公表裁決が結構出ているんですよ。重加算税の賦
課決定処分が取り消されているケースですね。結構たくさん取り消され
ていますね。
　時間があったら公表裁決の通則法と相続税法関係を見ていただくと、
結構面白いですよ。下手な推理小説よりも面白いと思います。

事例 「相続についてのお尋ね」に一部の相続財産を記載せず、基礎控除の範囲内である旨を回答してしまったケース

▷ 概要

○ 税務署は、平成 29 年 5 月 10 日付で、長男に対し、「相続税の申告等についての御案内」と題する文書及び「相続についてのお尋ね」と題する文書（以下「本件お尋ね文書」という。）などを発送した。

○ なお、本件お尋ね文書には、注意書として、「あくまでも概算による結果です」及び「相続税の申告が不要な場合には、お手数ですが、この『相続についてのお尋ね』を作成していただき、税務署に提出をしてください」と記載されていた。

○ 長男は、平成 29 年 6 月 9 日付で、本件お尋ね文書に以下の内容を記載した上、これを所轄税務署に提出した。

　（イ）相続人の数　2 人

　（ロ）財産の内訳及び金額　別表 3 のとおり

　（ハ）葬式費用の概算　100 万円

　（ニ）上記（ロ）の金額から上記

　　　（ハ）の金額を差し引いた金額　3,219 万円

　（ホ）基礎控除額　3,000 万円 ＋（2 人 × 600 万円）

　　　＝ 4,200 万円

　（ヘ）上記（ニ）の金額から

　　　上記（ホ）の金額を差し引いた額　△ 981 万円

○ 長男は、本件相続に係る長男分の相続税について、その法定申告期限までに、申告書を提出しなかった。

6

○　その後、長男は、税務署による調査を受け、平成 30 年 8 月 28 日、別表 4 の「申告」欄のとおり記載した本件相続税に係る申告書を提出した。なお、当該申告書の第 11 表（相続税がかかる財産の明細書）には、長男取得財産及び姉取得財産を含む財産が記載されていた。

○　税務署は、長男が長男取得財産及び姉取得財産の存在を隠ぺいし、本件申告期限までに相続税に係る申告書を提出しなかったとして、長男に対し、平成 30 年 11 月 7 日付で、別表 4 の「賦課決定処分」欄のとおりの重加算税の賦課決定処分をした。

木村：　「相続についてのお尋ね」に一部の相続財産を記載せず、基礎控除の範囲内である旨を回答してしまったケースです。

　概要を簡単に言います。平成 29 年 5 月 10 日付で、長男に対し、「相続税の申告等についての御案内」と題する文書及び「相続についてのお尋ね」と題する文書（以下「本件お尋ね文書」という）などを発送した。ご案内──「あなたのお父さんは申告対象者ですよ」という文章を送ったんですね。

　本件お尋ね文書には、注意書として、「あくまでも概算による結果です」および「相続税の申告が不要な場合には、お手数ですが、この『相続についてのお尋ね』を作成していただき、税務署に提出をしてください」と記載されていました。

　それで長男は、平成 29 年 6 月 9 日付で、本件お尋ね文書に以下の内容を記載した上、これを所轄税務署に提出しました。

（イ）　相続人の数　2 人（自分と姉）

（ロ）　財産の内訳及び金額　別表 3 のとおり（マスキングされてい

不明）

（ハ）　葬式費用の概算　100万円

（ニ）　上記（ロ）の金額から上記（ハ）の金額を差し引いた金額　3,219
　　　　万円

（ホ）　基礎控除額　3,000万円＋（2人×600万円）＝4,200万円

（ヘ）　上記（ニ）の金額から上記（ホ）の金額を差し引いた額　△
　　　　981万円

泉谷：　長男としては「全然いきませんよ。1000万円も枠がありますよ」
という話ですね。

　実は、この長男はある地方公務員でした。そして、法定申告期限、お
そらく29年9月ぐらいですね、その29年9月までに申告書を出さな
かった。すると、ほぼ1年後の平成30年8月28日に調査を受けて、
別表4（マスキングで内容不明）の通り修正申告書を出した。推測です
が、おそらく6000万円ぐらいだったんですね。

木村：　そうしたら税務署は、長男が取得した財産および姉が取得した
財産の存在を隠ぺいし、本件申告期限までに相続税に係る申告書を提出
しなかったということで、長男に対し、平成30年11月7日付で、別
表4の「賦課決定処分」欄のとおりの重加算税の賦課決定処分をしま
した。
「当初、あなた3300万円で出していたのに、調査に行っていろいろ
チェックしてみたら6000万円あるじゃない？　本当は6000万円と
知っていたのに、しらばっくれて出さなかったんだよね？　悪質だ」と
いうことで、重加算税の賦課決定処分があったわけです。

争点

▷ 争点のポイント

○　本件申告期限までに本件相続税に係る申告書を提出しなかったことにつき、重加算税の賦課要件を満たすか否か。

木村：　争点は、本件申告期限までに本件相続税に係る申告書を提出しなかったことにつき、重加算税の賦課要件を満たすか否か――です。先ほど言ったように、外部からうかがい得る特段の行為がどこにあるのかが、大きなポイントですね。

▷ 判断のポイント

○ 税務署は、長男が本件お尋ね文書に意図的に虚偽の記載をしてこれを提出したことから、通則法第 68 条第 2 項に規定する隠ぺい又は仮装の行為があったと認められる旨主張する。

○ 本件お尋ね文書の内容によれば、確かに、長男が長男取得財産及び姉取得財産を記載せずにこれを提出したことは認められる。

○ しかしながら、そもそも、本件お尋ね文書は、その記載すべき内容や提出すること自体も法定されているものではなく、飽くまでも税務署が納税者に対し任意の提出を求める性質のものであるから、

○ 一般の納税者がその存在を当然に認識しているものとはいえないし、提出者に相続財産の概括的な金額の記載を要求するものにすぎない。

○ このような本件お尋ね文書の性質に鑑みると、長男が提出した本件お尋ね文書の内容が事実と異なるということのみをもって、直ちに長男が本件お尋ね文書に意図的に虚偽の記載をしてこれを提出したとまで認めることはできない。

○ 本件お尋ね文書に長男取得財産及び姉取得財産を記載せずに提出した行為のみをもって、長男に相続税を申告しない意図があったということはできない。長男は、申告期限前、姉に対して、自ら本件相続税を申告する意思を示していたと認められる事情が存在する。

○ さらに、長男は、本件調査時においても、その初日（平成 30 年 4 月 24 日）から、本件調査担当職員に対し、本件相続財産一覧表を提出し、

○ しかも、その一覧表に記載された財産以外に長男及び姉が本件相

続により取得した財産は確認されなかったというのであるから、

○ これらの事情から、長男は、本件被相続人の相続財産を隠匿するような行動には出ていなかったというべきである。

○ また、当審判所に提出された証拠資料等を精査しても、その他に、長男が当初から本件相続税を申告しない意図があり、かつ、その意図を外部からもうかがい得る特段の行動があったとされる事情は見当たらない。

∴ 仮装又は隠ぺいの行為とは言えない。

木村： 　税務署が言うには、「長男が本件お尋ね文書に意図的に虚偽の記載をしてこれを提出したことから、隠蔽または仮装の行為があったと認められる」と主張しています。繰り返しになりますが、「お尋ね」に対して「3300万円から葬儀費用の100万円を引いた3200万ぐらいだ」というものを送ってきたのに、調査に来たら6000万もある。「知っていて隠したんだよね？」と、まず認定したわけですね。

　次に、お尋ね文書の内容によれば、確かに、「長男が長男取得財産及び姉取得財産を記載せずにこれを提出したことは認められる」と。

　その次が大事なのですが、「しかしながら、そもそも、本件お尋ね文書は、その記載すべき内容や提出すること自体も法定されているものではなく、飽くまでも税務署が納税者に対し任意の提出を求める性質のものであるから、一般の納税者がその存在を当然に認識しているものとはいえない」。つまり、全財産の把握なんてなかなかできないですよ、ということです。

　で、「提出者に相続財産の概括的な金額の記載を要求するものにすぎない」と。これは、あくまでも概算による結果でけっこうですよと書い

てあるわけです。

　だから、「このような本件お尋ね文書の性質に鑑みると、長男が提出した本件お尋ね文書の内容が事実と異なるということのみをもって」、「直ちに長男が本件お尋ね文書に意図的に虚偽の記載をしてこれを提出したとまで認められない」ということです。まず、これが理由の1つです。

泉谷：　もう一つは、「長男は、申告期限前、姉に対して、自ら本件相続税を申告する意思を示していたと認められる事情が存在する」。どうやらこの長男の方は、固定資産税課にいたのではないかと思うんです。だから税金にちょっと詳しい。「だから姉さん、大丈夫だよ。僕がちゃんとやるから」といったようなことをお姉さんに伝えた。そして、審判官がお姉さんからその話を聞いて、「まじめな納税意識がある方なんだな」ということを理解したと思いますね。

木村：　そして、次も大事です。調査の初日、平成30年4月24日に調査担当者に対して本件相続財産一覧表を提出した。どうも調査が来るとなって、もう一回税理士さんに聞いたんでしょうね。そこで、きちんと財産一覧表を出して、その財産一覧表が、税務署の想定したものと一致したんですね。調査に来たときに正しい財産を出したわけだから、簡単に言うと「仮装隠ぺいするような行動していませんでしたよ。だから外部からうかがい得る特段の行動とは言えない」ということで、重加算は外れたわけです。

　泉谷さん、この審判所の判断を見てどうですか。

泉谷：　先ほど3つの要件がありましたが、本件は積極的な隠ぺい仮装ではなくて、結局申告しなかったというところが問題になってるかと思うんですけれども、結局③の事実があることをもって、①と②があるか

のような……それぞれは独立して判断されなければいけないはずですが、固定資産税課に勤めていたことで税務に詳しいということが強調されていたように感じました。なかなか難しいですが、これを重加算とするのはそもそもどうなんだろうというふうに思いました。

　ご本人は、まさか「お尋ね」が結局こんな出口になるというのは本当に驚きだろうと思います。

木村：　今のことは大事ですよね。「気軽に出して」と言うから軽く考えて出したことが、調査まで呼び寄せて重加算税だと。長男としては、「えっ、だってあそこに概算でいいよと書いてあったから気軽に書いたのに、こんなことになると思わなかった。最初からもうちょっと真面目にやればよかった」という気持ちはあるでしょうね。他にありますか。

泉谷：　事案を拝見してまして、この方は２回税務相談に参加されていますが、税務署の側から見ると「２回も参加したんだから税務に詳しいだろう」と。逆に、長男側からすると、「２回も税務相談に出るぐらいだから詳しくないんだよ」というやり取りがあって……。

　その辺りは確かに現場におりまして、確定申告についての知識はあっても、相続税に関する知識はないというケースが多くて。税務相談に参加したから知識があると考えるのは、なかなか難しいなと思います。

木村：　そうですよね。納税者から見ると、この長男は固定資産税業務を昔一部担当してたので詳しいかなと思っていたが、意外と複雑だったから税務相談会に行って聞いたけれども、やっぱりわからないという話が背景にあったということ。

　また、あくまでも「お尋ね」は概算なんですよね。概算だから「分かる範囲内で」ということで、たぶん書いたものが当初の修正申告よりも

小さくなってしまったということですね。

　ただ、税務署の調査官からするとですね、こう思うわけですよね。「日本人は納税意識が高いから、そこそこ真面目に書いてくれるだろう」と。その中に6000万円のところを3200万と書いてきた。申告期限までに出してこなかった。で調査に行ったら正しいものが出てきた。「何だよ、調査に行くと正しいものを出してきたということは、やっぱり知っていて隠したんだろう？」と言いたいですよね。調査官は。

泉谷：　そこが大きな溝ですよね。納税者からすれば、概算だという気楽な気持ちで出した。ですが税務署からすると真剣勝負ですから、「なんだよ、調査に行くとなったら正しいものが出てくるんだったら、ちゃんと最初から出してよ」という話ということですね。

コメント

▷ 判断を受けての結論

○ 相続税を申告する意思を示していたと認められる事情が存在する。
○ 調査には素直に応じている。
○ 相続税を含めた税務知識をあまり有していなかった。

木村： 最後にコメントです。

まず、相続税を申告する意思を示していたと認められる事情が存在する。

そして、これが大事ですが、調査には素直に応じている。調査非協力がダメなんですね。

結果として、長男が、相続税を含めた税務知識をあまり有していなかったことが調査官に伝わったということです。それで、仮装または隠ぺいの行為とは言えない、と。

泉谷さん、何かありますか。

泉谷： 最近ありましたのが、相続が起こった親族間の話ですが、ご面談に行きましたら「数年前に保険の名義を変えたんです」と気楽におっしゃるんですよ。気楽に普通におっしゃるんですけれども、それが贈与だとか、伝えないと隠ぺいになるという話になりますので、税務知識は本当に難しいと思うので、やはり専門家にちゃんと都度、相談しながら進めないといけないと思います。保険の話は、こちらから聞かないと出てきませんでしたので、特に気をつけていただきたいです。

木村： 人間の記憶というのは、意外に曖昧なんですよ。聞けば「ああ、そういえば……」となるんですが。

泉谷： 相続や相続税は複雑なので、やはり我々がお客さまをリードしなければいけないし、「お尋ね」が届くかもしれないことは予め毎回お伝えしておいた方がいいと思いました。毎回「税務署から書類が届いた！」と電話がかかってくるので（笑）。それが申告書だと思ってらっしゃる方もいるので、そこはお伝えしておいた方がいいかなと思っております。

木村： わかりました。いずれにしても、「お尋ね」が来たら、やはり相続に詳しい税理士および税理士法人に相談した方がいいというのが、今回の結論ですね。

第 7 回

子供がいない
からといって、
甥を養子にして失敗

対談者：内藤 智之

概要

▷ 失敗した事例

　私には独身で子供のいない叔父がいました。家が近く、私が小さい
ころから実父のように可愛がってくれたこともあり、年月を経ても交
流が続いていました。数年前のある日、叔父から相談があると呼び出
されました。何事かと思い、話を聞きに行くと、私を養子にしたい
という内容で、自身の財産（1億円程度）の承継を考慮してとのこと
でした。叔父は末っ子で両親はもとより6人いた兄弟姉妹はみな亡く
なっているため、このまま何もしないと財産は私を含め15人いる甥
姪に相続されることになるそうですが、私以外の甥姪とは疎遠である
ため、私に全ての財産を承継してほしいという思いからとのことでし
た。数日考えたものの、叔父の気持ちを無下にできないと思い、叔父
の養子となりました。

　最近になり叔父が亡くなり、財産を相続しました。叔父は生前に自
分の財産規模では相続税がかからないと聞いたと言っていましたが、
不安もあったので友人の税理士に相談したところ、1,200万円程度の
相続税がかかるといわれて驚きました。

木村：　第7回は、「子供がいないからといって、甥を養子にして失敗」というケースの話です。

　まず、概要です。内藤さん、最近は単身者の相続が増えているのですか。

内藤：　そうですね。多くの相続税申告に携わっていますが、最近は兄弟姉妹が相続人というケースがかなり増えていると思います。

木村：　このケースは6人の兄弟姉妹がいて、亡くなった方を被相続人としてカウントすると、何と相続人が15人もいるということですから、おそらく兄弟姉妹の代襲相続人がいるはずです。

　たしか兄弟姉妹の代襲相続は一回だけのはずですね。兄弟姉妹が既に亡くなっている場合には、自分の子供まで。孫まではいかないということですね。

失敗のポイント

▷ ポイントは 2 つ

---

1. 「私」が「叔父」の養子になったため、相続人の数が減ったことで基礎控除額が減り、養子になる前までは発生しないと見込んでいた相続税が発生することになってしまった。

2. 兄弟姉妹相続の場合は遺留分がないため、すべての財産を「私」に残すよう遺言を残せば、「私」に財産を遺すことができたが、遺言による財産承継との有利不利を比較検討しなかった。

木村: では失敗のポイントです。

１つ目は、「私」が「叔父」の養子になったため、相続人の数が減ったことで基礎控除額が減り、養子になる前までは発生しないと見込んでいた相続税が発生することになってしまったこと。

２つ目は、兄弟姉妹相続の場合は遺留分がないため、すべての財産を「私」に残すよう遺言を残せば、「私」に財産を遺すことができましたが、養子縁組をした場合と、遺言による財産承継をした場合との有利不利を比較検討しなかったことです。それが最大のミスだと言っているわけです。

内藤: 経験上、まず相続人が兄弟姉妹の場合には、「絶対に遺言を書いた方がいいですよ」とお客さまに伝えています。当然、今回のケースにおいては兄弟姉妹には遺留分がないこともありますし、基礎控除が多いので、遺言で承継した方が圧倒的によかった、と。 15 人も相続人が

いるケースというのはなかなか稀だと思いますが、2、3人だとかというケースはよくあったりもします。

　私は税理士なので、なるべく税金が安く済む方法を考えるわけですが、最近、ちょっと思ったのは、遺言がある場合、遺言執行者は他の相続人たちに財産内容を開示しなければいけませんよね。税金は安くなっても、そこはどうなのかな、と思い始めています。

　一方、養子になっていれば、それはもう実子と同じ扱いになります。ということは兄弟姉妹には相続する権利がないので、そもそも財産を開示する必要がない。ところが、もらうのは1人でも他の15人が相続人ということになるので、遺言執行者が財産内容を開示する義務が出てくると思うんです。そうすると「こんな財産を持っていたのか」という話にもなってきますよね。

木村：　これのまずいと思うポイントは何ですか。うしろめたさとか？

内藤：　そうです。他の相続人が全く会ったことのない人ならいいかもしれませんが、日頃から仲が良い人だった場合に、「なんであいつだけもらって……」となりかねません。また極端な話、公正証書だったらまだいいかもしれませんが、自筆証書だったら、「それってあいつが書かせたんじゃないのか？」などともめるケースも、もしかしたら出てくるのではないかと。

　だから、遺言の場合は、公正証書の方がよいと思います。自筆証書だと遺言が発見されないケースというのもあるので。だから、当然、相続税のメリットも重要なのですが、親族の関係性といったところも、本当は考えていかなくてはいけないのではないか、と思い始めています。

木村：　兄弟姉妹というのは、けっこう関係性が薄いんですよね。だか

ら、自筆だったとしても、「ああ、あいつがもらったんだな」とか「面倒をみていたんだな」という話になるし、そこさえ受け入れられればいいのかな、と思う。

　少し仲が良い人がいて、「なんであいつだけ……」ということになっても、「だって遺言に書いてあるから」となりますから、そういう意味では、遺言の種類は公正証書がいいですね。

　財産額によっては、例えば1億円とか2億円とかになったときに、「あいつだけがもらいやがって」と訴訟になるケースもあるかな。

内藤： そこはちょっと心配ですね。

木村： ちょっと前に、あるところで聞いたのは――実際平成25年の裁決なんですが――、書面によらない死因贈与契約です。

　正式な死因贈与契約書だけではなくて、場合によっては手紙のやり取りで「全財産をあげるよ」「ありがとう」ということで贈与の意思が合致したということを証明できると、そこは書面による死因贈与契約があったということで、まあ財産をもらえるケースもあるんですね。

　ですからもっと幅広く考えてみてもいいのかと思います。

ポイント解説

....

木村： 内藤さん、基礎控除について説明をお願いします。

内藤： こちらは相続税の基礎の基礎になります。

1．相続人と基礎控除

▷ 基礎控除額の計算式

　　相続税は、相続等により取得した財産等から債務・葬式費用を控除した課税価格から、下記の計算式で計算される基礎控除額を控除した金額に対して税率を乗じて計算されるため、課税価格が基礎控除額を下回れば、相続税の納税はおろか申告も必要がないことになります。

基礎控除額 ＝ 3,000 万円 ＋ 600 万円×法定相続人の数

　　計算式中の「法定相続人の数」は相続税法に基づき制限されるケースはあるものの、原則として民法の定めに従って法定相続人が決まり、人数が決定することとなります。

木村：　例えば、こういう場合どうですか？　最近たまにあるのですが、兄弟姉妹がいるんですが、「他人に財産をあげたい」と。仮に、8000万円なら8000万円をあげたときに、基礎控除はいくらになるのでしたっけ。

内藤：　基礎控除の計算は法定相続人の数なので、財産を誰がもらったのかは関係ありません。あくまで法定相続人の数です。遺言があって、法定相続人の人は一切財産をもらえず、他人がもらいました——となったときに、もらった人は1人なのですが、例えば法定相続人が3人いた場合、その3人は財産をもらっていなくても、基礎控除は3000万円＋600万円×3の4800万円になります。

木村：　つまり相続税がどこまでかかるかという基礎控除の計算と、財産をもらう話は別ですよ、と。その場合、税金の注意点はどうなりますか。

内藤：　相続人が他人の場合、これは兄弟姉妹の場合もそうですが、お子さんがもらう場合とは違って2割増しになる制度がありますので、気を付けないといけないと思います。

木村：　いわゆる2割加算ですね。これは亡くなった方の一親等血族（子供、代襲の孫）および配偶者以外が相続人のときには適用されます。

2．養子縁組の法定相続人の数及び相続税への影響

▷ 本事例の基礎控除額の計算式

事例の場合、「叔父」が「私」を養子にする前の段階では、民法に基づき下記の順序で法定相続人を決定することになります。

・配偶者（必ず法定相続人となる）：該当なし
・第一順位（子・孫等の直系卑属）：該当なし　次順位の判定へ
・第二順位（父・母等の直系尊属）：死亡しているため該当なし　次順位の判定へ
・第三順位（兄弟姉妹）：死亡しているものの甥姪15名が代襲相続人となる

したがって基礎控除額は下記計算に基づき1.2億円となるため、財産が約1億円である本事例では、相続税の申告及び納税はいずれも不要ということになります。

3,000万円＋600万円×15人（法定相続人の数）＝1.2億円

ところが、「叔父」が「私」を養子にした後の段階では、判定の基礎が変わります。

養子であっても、子であることには変わりませんので、以下の順序で法定相続人を決定することになり、法定相続人は1名となります。

・配偶者（必ず法定相続人となる）：該当なし
・第一順位（子・孫等の直系卑属）：該当あり（「私」）

　したがって基礎控除額は下記計算に基づき 3,600 万円となるため、財産が約 1 億円である本事例では、相続税の申告及び納税が必要ということになります。

3,000 万円 + 600 万円 × 1 人（法定相続人の数）= 3,600 万円

木村：　次は、養子縁組の法定相続人の数および相続税への影響について、内藤さん、説明をしてください。

内藤：　まず、配偶者は必ず相続人となります。次にお子様がいる場合にはお子様。お子様がいない場合は、直系の親。お子様がいなくて親も亡くなっている場合は、兄弟姉妹が相続人になります。
　事例の場合、「叔父」が「私」を養子にする前の段階では、こうなります。

・配偶者（必ず法定相続人となる）：該当なし
・第一順位（子・孫等の直系卑属）：該当なし　次順位の判定へ
・第二順位（父・母等の直系尊属）：死亡しているため該当なし
　次順位の判定へ
・第三順位（兄弟姉妹）：死亡しているものの甥姪 15 名が代襲相続
　人となる

　したがって基礎控除額は下記計算に基づき 1.2 億円となるため、財産が約 1 億円である本事例では、相続税の申告および納税はいずれも不要

ということになります。

3,000万円 + 600万円 × 15人（法定相続人の数） = 1.2億円

木村： それに対して、「叔父」が「私」を養子にした後の段階では、判定の基礎が変わります。

　養子であっても、子であることには変わりませんので、以下の順序で法定相続人を決定することになり、法定相続人は1名となります。

　・配偶者（必ず法定相続人となる）：該当なし
　・第一順位（子・孫等の直系卑属）：該当あり（「私」）

　したがって基礎控除額は下記計算に基づき3,600万円となるため、財産が約1億円である本事例では、相続税の申告および納税が必要ということになります。

3,000万円 + 600万円 × 1人（法定相続人の数） = 3,600万円

　養子縁組した場合は、8400万円ほど変わってきてしまうということです。もったいないですよね。

3．遺言の活用

▷ 解説

○ 本事例では遺言の活用により、相続税の申告及び納税を回避することができたと考えられます。

○ 相続人が兄弟姉妹（又はその代襲相続人である甥姪）である場合には、遺留分がないため、すべての財産を「私」に残すよう遺言を残せば、「私」にすべての財産を残すことができました。

○ また、基礎控除の計算に使用する「相続人の数」は「財産を承継した相続人の数」ではないため、「私」が遺言によりすべての財産を承継したとしても、基礎控除の額は 1.2 億円のまま変わりません。したがって本事例の場合、相続税の申告及び納税の義務も生じません。

○ また、養子により財産を承継する場合には、養子縁組後に養子との関係性が悪化してしまった場合、養子縁組を解消することが難しいケースがありますが、遺言であれば意思能力がある限り、何度でも書き直すことで財産承継の内容を変えることができるメリットがあります。

○ 一方で遺言による財産承継にデメリットがないわけではありません。確実性の高い公正証書遺言の作成には費用がかかり、また金融機関において預金の解約手続きをスムーズに行うためには、遺言執行者の選任が望ましいことから、選任者の決定等の対応も生じてくるものと考えられます。

○ また、今回の事例では相続税額が発生しないため影響がありませんでしたが、相続税が発生する場合には、養子となった「私」には相続税を 2 割加算する取扱いがない一方、遺言により承継する

場合には２割加算する取扱いがあるため、既存の法定相続人の数や財産内容によっては、遺言による財産承継よりも養子縁組による財産承継の方が有利になるケースも考えられます。

○　承継方法の検討にあたっては、税理士等の専門家によくご相談頂いた上で、慎重に実行されることをおすすめいたします。

木村：　次は、遺言の活用ですが、本事例では遺言の活用により、相続税の申告および納税を回避することができたと考えられます。

　よく一般の方が間違えるのは、基礎控除の計算における相続人の数と、財産をもらう人の数をごちゃまぜにしていることです。あくまでも基礎控除は財産をもらったかどうかではなく、相続人の数で計算されるということで、要注意です。

内藤：　１人の人に全部あげるという遺言で、多くの人は、法定相続人と相続人の区別が付かずに、もらった人の数で基礎控除などを計算すると考えている人は多いですね。

　この前も、「子供が３人いて、長男がすべてを相続することに決まっているので、基礎控除は3000万円＋600万の3600万円。財産額が3600万円以上であれば相続税がかかりますよね？」ということで私のところに来た方がいらっしゃいました。

　実際の財産額は4000万円ぐらいでしたが、基礎控除は3000万円＋600万円×３＝4800万円でしたので、「長男が全部もらっても申告は必要ありませんよ」ということになりました。ですから、基礎控除は、もらった人数ではなく、相続人の数で決まるということをぜひ憶えていた方がいいと思います。

木村： ただ、養子縁組による財産承継にもデメリットがあるのではないかという話です。

　まず1つ目、養子縁組後に養子の態度が冷たくなった——もう子供ですからただで財産をもらえるということで態度が変わる場合があります。

　内藤さん、こういうケースは耳にしますか。

内藤： 養子になった途端に態度が急変するということはあまり聞きませんが——、脅し文句ではないのですが、遺言の場合に「変な態度をとったらすぐに書き換えちゃうからね」と言っておくという話は聞いたことがあります（笑）。

木村： それは私も聞いたことがあります。お父さんが亡くなっていて、お母さんが80歳ぐらいになったときに、子供たちが全く寄り付かないという悩みがあった。そこでコンサルタントは、長男には「遺産はあなたに多くあげるからね」と、伝えるようにアドバイスしました。すると長男は毎週のように通ってくるようになった。次に、お母さんは次男に対して、「あなたにも遺産をあげたいんだけど、最近、お兄ちゃんが優しくなって、よく来てくれるんだよ。なんか魂胆があるのかな」と話しておく。すると、次男もよく週末に母を温泉地に連れて行くようになった。

　あるとき、温泉地で次男が「お母さん、これにサインをくれないか」と次男に全財産をあげるという書面を用意してきた。

　お母さんもしたたかですから、「いいよ」と言って、翌日、長男に電話をして、「実は高い温泉に連れて行ってもらったんだけど、何かを紙に書いてくれというので書いちゃった」と。

　すると長男も、同じように温泉地に母を連れて行って、「お母さん、

僕は長男なんだから、これに書いてくれ」と紙を出してきた。

　お母さんとすれば、自分が優しくしてもらえればどうでもいいのです。遺言書をつくった上で、「私に優しくしてくれた方にたくさん残すよ」という話をして、うまく余生を過ごして天国に旅立たれた。そういった意味では、遺言書も使いようですから。

　おじさん、おばさんと甥っ子、姪っ子の関係でいうと、養子にした後に関係性が悪化してしまった場合でも、遺言であれば意思能力がある限り何度でも書き直すことで、財産承継の内容を変えることができるメリットがあります。

　デメリットの２つ目は、確実性の高い公正証書遺言の作成には費用がかかること。また遺言の執行を誰に頼むかという悩みもありますよね。

内藤：　確実性の高いところでいうと、圧倒的に公正証書で作成する方が良いと思います。最近では、法務局で自筆証書遺言を保管する制度もできたので、自筆証書の確実性も高まってはきていますが、公証人役場に行って公正証書遺言を作成することをお勧めします。付け加えると、いきなり公証人役場に行って遺言作成を始めるのではなく、まずは相続税試算を行い、ご自身の現状を確認したうえで公正証書遺言の作成をした方がいいと思います。

　遺言を書くにあたって、相続人が兄弟姉妹のみの場合はいいのですが、配偶者やお子様が相続人の場合は遺留分の問題とかが出てきますので、そこでもめるケースもあります。自筆証書の場合は、「自分で書いたのか？　書かされたのではないか？」といったトラブルになることもあるので、トラブルを避けるためには、確実性の高い公正証書をつくる方が良いのではないかと思います。

木村：　自筆証書遺言の法務局保管制度は、内容的に法律上間違いがな

いかだけのチェックであって、良いアドバイスをもらえるわけではないですよね。

内藤： そうですね。遺留分を侵していても何も言ってくれませんので。

木村： そういった意味では、例えば金融機関のアドバイスを受けて納税ができるかどうか、あまり偏っていないかといったチェックを受けながら公正証書にした方がいいということですね。
　また、今回の事例では、養子になって基礎控除が1名分で3600万円で計算すると……1220万円、これに2割加算で結果として1464万円。本来であれば相続税がかからなかったという意味においては、けっこう損をしたな、と。
　内藤さん、遺言による財産承継と、養子縁組による財産承継ではどちらが有利不利かというシミュレーションというのは、よくやることなのですか。

内藤： 頻繁にはありませんが、相談はありますね。税金上は遺言の方が有利ですが、「養子にしたい」という方がいらした場合に、もしかしたら私の考えは古いのかもしれませんが、「戸籍を変えてまですることなのか？」という観点からアドバイスをすることはあります。

木村： 私の場合は、「絶対に遺言の方がいい」と言いますね。なぜなら、養子になったときに、お互いが心変わりする可能性があるからです。その点、遺言ならばいつでも書き換えることができますから。
　養子縁組で面白い話を聞いたのですが、内縁関係で籍を入れるかどうかするかといったときに、養子縁組をするケースがあるんですね。
　夫婦の場合、遺言で財産をあげることもできるのですが、仮に公正証

書をつくったとしても、夫の兄弟姉妹の方から、「つくらせたんじゃないか?」と文句が来る可能性がある。それに比べて、養子にすると、子供ですから、兄弟姉妹に連絡をしないで、いきなり財産をもらえるというメリットがあるんです。

　某有名俳優でも同じようなケースがありました。亡くなる半年ぐらい前に、20歳くらい下の内縁の妻と養子縁組していました。実態は夫婦なんですけれどね。

　遺言がいいか、養子縁組がいいかは、一概には言えませんが、事実婚の場合に、兄弟姉妹とのトラブルを避け、スムーズに財産をあげるためには養子縁組も効果的だということです。

　いずれにしても税金計算で有利不利がありますので、相続専門の税理士にご相談いただければということです。

　内藤さん、こういう類で面白い話はありますか。

内藤：　面白い話かどうかはわかりませんが、以前、相談を受けたケースです。お父さんお母さんがいて、長男長女がいるという一般的なご家庭です。長男長女とも結婚されていて、長男には高校生になる2人の子供がいます。長女にも子供がいる。

　お父さんからの相談で、自分が亡くなった場合、「どうしようかな」と。会社とかもいろいろやっているので、「なるべく長男に継がせたい」と。具体的な相談の内容は、「養子にすると相続税が安くなると聞いたのだけれど、どう思いますか。何かアドバイスはありませんか」というものでした。

　「今考えているのは長男の子供2人（高校生の男女）を自分の養子にすることです。どう思いますか」というのです。

　その方は、養子にすればするほど相続税が安くなると思われているようでした。私はそれに対して、「法定相続人の数の考え方として、子供

がいる場合には1人しか養子にできませんよ。 2人入れても、3人入れても法定相続人の数は同じです。そこは気をつけた方がいいですよ」とアドバイスしました。

　また「高校生のお孫さんを養子に入れる場合、今後そのお孫さんが結婚される際に戸籍を確認したときにどんな気持ちになるかなども考えた方がいいのではないでしょうか」というお話しをしました。

　あとは「2割加算という制度があるので、お孫さんを養子にして、その方が相続を受ける場合には相続税が少し高くなります」という話もさせていただいている中で、「だったら長男の奥さんを養子にすれば2割加算もないですし、戸籍が云々という話もそれほど抵抗がないと思うんです」と。

木村：　長男の奥さんであれば、2割加算の対象外ということですね。被相続人の一親等の血族と配偶者であれば2割加算にはならないので。

内藤：　でも、それは実行していません。長男の奥さんは直系ではないので、財産をあげる方としては、そのあたりが気持ちの面で引っかかるようです。やはり、税金がすべてではないな、と最近思い始めています。

木村：　長男の奥さんを養子にしたときの最大のリスクは、離婚ですよ。離婚したとしても、自分の親との親子関係は切れませんから、これでいくと、1/3は持っていかれてしまう。

内藤：　ああ、そこは頭から抜けていました！

木村：　また長女との関係でいうと、先ほど話に出たように、お孫さんお2人入れると……長男、子供2人、長女の4人をグループ分けした

ときに、長男グループが 3/4 をもらい、長女グループが 1/4 もらうことになります。そうなると、長女からクレームが来そうです。そのあたりは確認しましたか。

内藤：　長女としては、長男が後を継ぐのは納得しているようです。長女としては、そこはお任せしているというスタンスでした。ただし、長女の旦那さんがどう思っているかわかりません。

木村：　ましてや先ほどのように長男の妻を養子にするということになれば、長女だって「うちの旦那にもあげてほしい」となるかもしれませんよね。このファミリーの財産はどのぐらいあるのですか。

内藤：　3 億円ぐらいです。

木村：　結構ありますね。いろいろ考えているんですね。財産のメインは何ですか。

内藤：　不動産です。農家が本業ですが、不動産賃貸業もおこなっています。

木村：　我々は無いから関係ありませんが、ある人はあるんですねえ。わかりました。面白い話でしたね。
　そんなこともありますので、相続税だけでなくていろんな観点から、どれが一番いい選択肢か、考えていかれると良いと思います。
　他に何か面白い話はありますか。

内藤：　養子とはちょっと違う話ですが、財産の承継方法という点で、

子供の方が先に亡くなるケースもあります。結局、親が相続人になるわけですが、親ももう90歳ぐらいだったときに、それを気づけるのかな、というのが重要かなと最近思っています。

　親が相続人の場合、親が相続放棄をすれば兄弟姉妹が相続人になるわけですが、相続放棄をするには相続開始から3ヵ月以内に手続きが必要です。そこを知らずにボーっとしてしまったら、子供の財産を親が相続することになってしまい、その後すぐにその親の相続が発生して別の子供が2人分の財産を相続するとなると、無駄な相続税を払っている可能性があります。

木村： そこは弁護士さんというよりは、税理士マターですよね。例えば、お母さんの財産が2億円、亡くなった子供の財産が2億円あったときに、お母さんが遺産を受け取って4億円になった後に別の子供に行くときには相続税が多くなってしまうので、分けておいた方が得なんですよね。

内藤： だから財産承継ということで考えた時に やはり生前にいろいろ考えておくことは大事だなと思います。

木村： それはすごく大事な話だと思います。もし子供さんが独身で持病があったときには、自分の財産が親に行くわけだから、そのときにどうするかということは親や兄弟姉妹が早めに連携しておいて、「こういうときにはこうしましょう」と決めておかなくてはいけない。そこはまさに税理士の役割ですよね。

内藤： 本人は亡くなってしまうわけだから何も言えなくなるわけで、周りがきちんと考えておかなければいけないと思います。

木村： とてもいいポイントを教えてもらったと思います。 他にありませんか。何でもいいですよ。

内藤： 遺言の有効性についてですが、公正証書でも、「その遺言が駄目」というケースがありますよね。今回問題にはならなかったのですが、相続人が 長男と長女のご家庭で、長男が多くの財産をもらえるように遺言を残していました。被相続人であるお母さんが亡くなられたときには認知症だったので、「遺言を書いたときには、もう認知症だったのではないか？」と長女が言ってきた。2 人とも弁護士を立てたのですが、結局、遺言の有効性については争わなかったんですよ。ただ遺留分の侵害で、争うことになり遺留分相当額を払うことになりました。

木村： 私が担当しているケースでは、遺言の有効性について争っています。お母さんが病院に入院していて、その病院の院長と次男が親しかった。第一審では長男が勝って、今控訴されています。自筆証書遺言は無効の訴えがたくさん出ていますが、公正証書遺言でもたまにあります。「あのときにたしか要介護度 3 か 4 だったよね」とか「長谷川テストをやったときに点数が低かったよね」といったことで争うケースはあります。

　まだら認知症の人は、緊張するとちゃんと答えるんです。例えば、「母さん、長男にたくさんあげていいんですか」「いいのよ」となって、「お母さんからの証言を取った」ということで公証人は OK と。そういったこともあります。

内藤： 遺言の有効性ではないのですが、私が担当してもめたケースとしては、遺言の見直しをしていなかった例があります。10 年ぐらい前に遺留分もちゃんと計算してつくってあったのに、亡くなった時点では

財産内容が全く変わってしまっていて、遺留分をものすごく侵してしまっているんです。それでトラブルに巻き込まれたという話がありました。

木村： だからよく言うのが、生活環境が変わったり、財産内容が変わった時には、その都度、本当に直した方がいい。また、それらが変わらなくても、3年から5年くらいの間に一度見直すことが必要です。10年なんて「昔」ですからね。不動産が株に変わったり預金に変わったりしているわけです。だから10年前の財産内容と違うということでもめるケースは、よくあると思います。

内藤： ただ10年前と財産内容が変わった後に認知症になってしまったら、書き換えもできないですよね。その場合は、その遺言でやるしかないということですか。

木村： そうですね。書いてある財産はその人のもの。書いていない財産をどうするかですよね。あるいは、バスケット条項という「その他は全部、誰々にあげる」というアイデアですよね。
　あのバスケット条項の解釈も、大きな財産を想定しているのではなく、その他の細かい財産を想定してバスケット条項に集めるんですよね。
　例えば、よくあるのが名義預金。「その他財産が出てきた時には配偶者に相続させる」と書いてあり、名義預金が5000万円出てきた時に、このバスケット条項に入らないんですよ。だから、それを新たに分けたとしても贈与税の課税はないんですよ。過去に事例があって、裁決例があってあそこでいうバスケット条項でその他のものが出てきたときには少額のものが対象だと。
　だから「5000万円の名義預金がそこに入るという解釈は成り立たな

いよ」と。

　当初は税務署が贈与税をかけたんです。遺産分割からやり直しということで。なぜなら、「他の財産は全部配偶者に……となっているのに、これを無視してやるということは贈与だよね。お母さんがもらうべきものを子供たちにやったよね」ということで。

　でも、それは違うと取り消されて、バスケット条項に入らないのだから元に戻って再分割していい、と。

内藤：　では、名義預金がある場合は遺言でカバーしておいた方がいいということですか。

木村：　いやいやそこは違います。もしバスケット条項を書くのならば、「その他、少額のものが出てきた時にはお母さんのものだよ」としておけば、もし大きなものが出てきたときに「再分割しようね」と。

内藤：　最初の15人の相続人の事例がありましたよね。遺言で子供に全部渡すとちゃんと書いてありましたと。亡くなった人の分は当然遺言に書かれた子供1人がもらうわけですが、実はその子供名義の名義預金もありましたとなった場合、それについては15人の法定相続人と分割協議をしなければいけないのですか。

木村：　その他の条項で、何と書いてあるかですよ。「その他の財産があればそれは全て○○に相続させる」と書いてあれば、○○がもらっていいんだということです。調べれば、その名義預金は明確に被相続人のものですよね。原資も。被相続人のものだから、もらっていい。つまり、その子供が自分名義の名義預金を被相続人の財産として相続税申告書に計上すればいいんです。それを15人に分けるとなったら、税務署から

すると「贈与になりますよ」という話です。

　ただ基本的には、「その他財産が出てきたときは○○にあげる」とは書かない方がいいと思います。もめそうな家族の場合は、なおさら後から出てきたら再度遺産分割協議をする。仲の良い家族だとしても出てきたものは再分割する。だから、「新しい財産が出てきたら分割協議をする」と書いておけば、両方とも上手く対応できますよね。

第 **8** 回

質問応答記録書と高齢者

対談者：鈴木 淳

気になるキーワード

木村：　第8回は、「質問応答記録書と高齢者」です。

　これから ご説明する裁決において「上申書」と「質問応答記録書」という言葉が出てきます。

　上申書というのは、証拠を補強する書類です。質問応答記録書よりは証拠能力が落ちるのですが、調査官一人で作成できる。つまり納税者から聞き取りをしなくてもいいという意味では簡単にできる。そのため調査の現場ではよく作成されます。もう一つの質問応答記録書は…… この辺は鈴木さんの方が詳しいと思いますので、話をしてください。

▷ キーワード

○ 上申書とは・・・

　確認書又は申述書ともいうようです。直接証拠の収集が困難な場合に求められる傾向にあります。「仮装」「隠ぺい」の具体的内容を聞き取り、証拠を補強する書類です。質問応答記録書より証拠能力は落ちますが、調査官一人で作成できること、ページ毎の署名・押印が必要ないこと、課税当局内での手続きが簡素なことなどから、こちらが調査の現場では作成されることもあります。

○ 質問応答記録とは・・・

　質問応答記録書は、質問検査権等の一環として、調査担当者が納税者に対して質問し、その一問一答を記載していくものです。課税要件の充足性を確保することが目的で、調査の現場において重要と認められる事項について、その事実関係の正確性を証拠として残す書類です。つまり、「課税」が目的ということであり、これを作成しているということは注意が必要です。

○ 重加算税と過少申告加算税

加算税

　申告漏れを指摘された財産にかかる相続税額に対して、10%（一定の場合には15%）の過少申告加算税がかかります。ただし、 悪質であると認められた場合には35%の重加算税がかかります。（国外財産調書及び財産債務調書の提出有無等により、5%加減算されます。）

配偶者の税額軽減の不適用

　仮装または隠ぺいによる申告漏れを指摘された財産を被相続人の配偶者が取得して修正申告をする場合には、その財産について配偶者の税額軽減の適用を受けることができません。

○ 名義預金とは・・・
　例えば本人が自分のものと認識していない預金か、認識していても、その財産形成過程を説明できない預金を言います。

○ 外部からうかがい得る特段の行動
　・ウソをつくこと
　・資料を偽造すること
　・調査非協力
　・あるべき資料を提出しない

○ 高齢者
　概ね 85 歳以上か？

鈴木：　質問応答記録書は、調査官が納税者に対して質問をして、納税者がその質問に答えるという調査のやり取りの部分を、問答形式にして文章としてまとめたものです。

　これは調査官が作成し、一番最後のところに「本件については誤りはありません」と、納税者が署名捺印することを求められます。

　なぜそんなものを作成するのかといえば、上申書で調査官が聞いた内容を自分の上司というか、内部報告用に必要ということで記録するケー

スがあります。場合によっては調査報告書という内部書類として残すこ
ともあります。またそれに加えて、このようなやり取りをして納税者自
身も間違いがないと認めたものだということで、万が一裁判になった時
にも証拠能力があがる書類であるということで作られているケースが多
いのかなと思います。

木村： この質問応答記録書を作るかどうかは、納税者の任意だと聞い
たのですが。

鈴木： 以前は、国税庁の内部資料の中で、納税者が拒否した場合につ
いてはそれ以上強く要請しないといった内容が書かれていたのですが、
その後改定された研修書類などにはそういった文言がありませんので、
なるべく取るような方向で、おそらく内部では認識しているものと思い
ます。

木村： なるほどね。丁寧に納税者に説明して、納税者がその内容を理
解した上で応じる分にはいいのですが、どうも感覚的な話をすると、「こ
れはそういうもんですよ。取りますからね」と言って、質問応答記録書
の本来の取り方とは違うやり方をしているのではないかという点が若干
気になります。

鈴木： 調査官からは、「今日話した内容をそのまま文章にしただけです。
間違っているものがあればいつでも修正できますのでどんどん言ってく
ださい」ということで訂正の機会はあるのですが、ただ、一日中緊張し
ながら税務調査に臨んでいる納税者にとっては、「そんなこと言ったか
な。言ったような気はする。こういう風に書いてあるんだから言ったん
だろうな」という感覚で、最後にサインをしてしまうのは、非常に危険

なのかなと思います。

木村：　2年前の話ですが、ある納税者が賢くて、ネットで質問応答記録書について調べたんですね。それで「更正処分をするための証拠、あるいは重加算税の賦課決定処分をするための証拠固めに使うということなら自分が不利じゃないか」ということで、途中から拒否した人がいました。女性ですが、そう言って怒っていた納税者がいましたね。
　そこはもっと丁寧に説明しないと、納税者が感情的になることが懸念されますよね。

鈴木：　課税されるのは納税者にとっては当然望ましくない結果です。明らかに課税漏れということであれば誰が考えても仕方がないことなんですが、いわゆるグレーと言われるところで判断の仕方によって変わってくるというときに、この質問応答記録書があることによって納税者に有利になるのではなく、どちらかというと国税当局側に有利になることが多い書類なんでしょうね。

木村：　そうですね。もし質問応答記録書を取られて、重加算税が賦課された場合に、納税者のデメリットは何かといったときに、一つは加算税。本来、過少申告加算税であれば10%であるところが、重加算税である35%かかってくる。
　もう一つは、配偶者の税額軽減の不適用ということです。
　さらにもう一つ。延滞税の特例が使えなくなります。延滞税の特例というのは、通常の過少申告であれば どうやったって一年間しかかかりませんが、重加算税がかかると、申告期限から延々と、仮に3年後の調査では3年間の延滞税がかかってしまう。 そんな不利があるわけです。
　では、具体的に重加算税がかけられる話というのは……、よく名義預

金というのは「自分のものではないと知っていて隠した」ということなんですが、私が経験した例で言うと、調査官がこう聞くわけですね。

「奥さん、あなたは自分で働いたことありますか？」

「働いていません」

「ご実家からの相続で財産をもらいましたか」

「もらっていません」

「生前に、ご主人、その他親族から贈与をもらいましたか」

「もらっていません」

　──ということを聞いた上で、

「そうしたら、あなたの財産が 3000 万円もあるわけないじゃない？ ということは、あなたご自分のものじゃないよね？　なのに、申告しなかった。つまり、あなたのご主人が亡くなって、まだ小さい子がいるということは、ほぼほぼご主人のものだとわかっていたわけじゃないですか。それを知っていて隠したんでしょ？」

　ということで重加算税がかかる、と。

　その場合によく出てくるのが、

「いやいや、うちの旦那が生前、私の老後の生活を心配して私名義に贈与か何かで作っておいてくれたと思ったんです。私は働いていない、相続でもらっていない、贈与でもらっていないといいましたが、生前にちゃんと手当してくれていたかなと思って出さなかったんです」

　こう言っても知っていて隠したという話で重加算税がかかるケースがありますが、鈴木さん、こんな経験したことありますか。

鈴木：　そうですね。重加算税をかけられたことはなく、その前の段階で止まってはいるんですが、この税務的な考え方というのが、一般の方というか一般国民の方になじんでいないというか……。

　毎月生活費を多めに渡して、「これで家計のやりくりをしてくれ」と、

お父さんが配偶者に言っていた、と。配偶者はいろいろ節約しながらなんとかやりくりして、その代わり貯まったお金は将来の老後の資金に使えるように、という感覚で——いわゆるへそくりですよね——貯めておく、と。

　庶民の感覚からすると、これって奥さんがうまくやりくりして貯まったものなので、奥さんのものなんですよね。別に贈与を受けたという感覚でもないですし、自然と自分のお金が積みあがっていったような感覚なんですが、ただ税務的には、そこについてはいわゆる名義預金、旦那のものだということで、この税務的な考えのところと世間の常識というところのズレがあるという、そこが大きいんでしょうかね。

　隠しているつもりは全くないし、かといって旦那のものという感覚でもない。当然だんだんと自分のものになったという感覚なんでしょうかね。

木村：　なるほど、その時に何かで読んだんですが、大体奥さんは、「主人は口頭で『お前、毎月残ったらあげるよ』と言っていた」と。そこはどう理解しますか。

鈴木：　その都度それは贈与が成立していたということですね。

木村：　はいはい。という話で、「だから私の名義で積み立てていたのよ」という話、ありえますよね。

鈴木：　ありえますよね。「毎年毎年、『頑張った分はお前にあげる』とちゃんと言われていた」ということで、そこで毎年毎年贈与が成立していたということを、配偶者の方できちんと説明できれば、場合によっては、それについては過去に贈与が起きていたという可能性もあるという

ことでしょうね。

木村：　そこは贈与契約書その他の書類が求められるんですかね。

鈴木：　そうですよね。契約で、例えば年間110万超えていたのであれば、「贈与税を申告していたのかどうか」ですとか、やっぱりそういうところとの兼ね合いも出てくるんでしょうね。

木村：　例えば毎月30万円渡す。「25万円を使って、余ったものは君に上げるよ」と、もし言っていたメモがあったとしたときに、5万円×12ヵ月で年60万円、10年で600万円、20年で1200万円貯めたとしたときに、そこはどうですかね。
　そこは贈与が成立しているというような気がしますよね。メモがあるわけですから。毎月30万円渡されていて、使っているのは25万円。5万円余っていると。もっと極論すれば「30万円のうち生活費に使った残りのものはあげるよ」というメモがあったとしたときに、それが月によって変動がある、4万円、5万円、場合によっては8万円、10万円ということはあるかもしれないですね。

鈴木：　そうですね。あとは配偶者の方が最初に調査官から、「過去お父さんから贈与を受けたことはありますか」ということを聞かれると思うんですが、その段階で「私は毎年毎年贈与を受けていました」ということで、ちゃんと自分がもらっていた説明ができれば、「もらっています。年間60万円×20年で1200万円ですね」ということで説明がつく。
　しかし、この手の話のときによくありがちなのが、あまりそれが贈与という認識がない状態ですので、それこそ調査官から「過去贈与を受けていましたか」と聞かれたときに、「私は別に特別なものはもらってい

ません」と言ってしまうケースが多いんですよね。

　そうすると「そこの部分との整合性どうなんだ？」と。「もらっていて隠していたんじゃないか」というところになる部分なんでしょうね。

木村：　事前にきちんと奥様に説明して、「ご主人からもらったもの、こういうものも生活の残りでいいんですよ」と、初めに聞いておけば、ちゃんと説明ができるということですかね。

鈴木：　税務署に「何かをもらったんでしょ？」と言われると、やっぱり「もらいました」とは皆さん言いにくいんですかね。そこは堂々と「もらっています」とやはり言わないといけないんですかね。

木村：　そうですね。

　よく重加算税をかけるためには外部からうかがい得る特段の行動が必要だということで、具体的に過去の事例などを見ますと、納税者が嘘をつくこと、資料を偽造すること、調査に協力しない、あるいはあるべき資料を出さないこと──こんなようなところなんですかね。

　今回、高齢者ということで、概ね85歳以上かどうかということなんですが、確か日本老年学会の高齢者の概念を見たら、「75～89歳までを高齢者」、「90歳以上を超高齢者」と書いてありましたので、おそらく私は90歳前後なのかなと思いますが、とりあえず85歳と置いてみました。

名義預金に重加算税が!

▷ 概要と争点

1．事案の概要

○ 請求人は被相続人（夫）の配偶者。相続にあたり、請求人（妻）名義の定期貯金を相続財産として申告していなかったが、

○ 実地調査を受けて当初申告から漏れていた妻名義の定期貯金を相続財産だったとして修正申告を行った。

○ その後、原処分庁が請求人のその定期貯金の取得を隠ぺいに基づくものと認定して、重加算税の賦課決定処分をしたため、請求人が同処分の取消しを求めた。

2．争点

争点は当初申告が事実を隠ぺいまたは仮装したところに基づくか否か。

（妻名義の定期預金が自分のものでないと認識していて、故意に夫の相続財産から除外して、相続税の申告書を提出したのか否か）

『週刊　税のしるべ』大蔵財務協会 2019 年 9 月 2 日 No.3377 より

木村：　このケースはまさに今まで話をしてきた、名義預金に重加算税がかかったケースです。

　これは実は札幌の案件ですかね。概要を簡単に言いますと、被相続人（夫）の配偶者が、相続にあたって妻名義の定期預金を相続財産として申告しなかった。実地調査を受けてから申告漏れを指摘されたわけですね。「これ名義預金じゃないの？　あなた名義だけど実際の原資はご主人で、実は相続でもらったんじゃないの？」ということで慫慂されて修正申告をした、と。

　そうしたらその税務署が「『自分のものじゃない』と知っていて出さなかったんだから嘘をついたことになる。したがって仮装または隠ぺいに該当する」ということで重加算税をかけてきて、結果として配偶者の税額軽減も不適用だったということですね。

　これが再調査の請求から審査請求になって争いになったわけですが、争点にありますように、この当初申告が事実を仮装または隠ぺいしたところに基づくのかどうかと。簡単に言うと妻名義の定期預金が自分のものでないということを認識していて、故意に夫の財産から外して、相続税の申告を出したのかどうか──、ということが大きな争点、論点になったわけです。

請求人（納税者）の主張

▷ 内容

- ○ 定期貯金が相続財産となり得ることを知らずに、その名義にしたがい自らの財産と認識し、当初申告で相続財産として申告しなかったのであり、
- ○ 過少に申告する意図はなかった。
- ○ また、調査担当職員に定期貯金を秘匿し、定期貯金証書の提示を拒否したことはなく、
- ○ 過少に申告する意図を外部からもうかがい得る特段の行動をしたものでもないから、国税通則法第68条1項に規定する隠ぺいまたは仮装の事実はない。

『週刊　税のしるべ』大蔵財務協会 2019年9月2日 No.3377 より

木村：　まずは納税者が何と言ったかですね。

　審査請求して納税者は定期預金が相続財産となり得ることを知らずに、その名義に従い自らの財産と認識し、当初申告で相続財産として申告しなかった。「名義が自分だったので、自分のものかと思って旦那のものとして申告しなかったんですよ」と。「過少に申告する意図はありませんでした。定期預金を調査のときに隠したり、あるいは定期預金証書の提示を拒否したことはありませんよ」と。

　したがって調査に協力しているし嘘も言っていない、あるものを見せているということで、外部からうかが得る特段の行動をしたわけではないから、仮装または隠ぺいに該当しないというような話になったわけですね。

原処分庁（税務署）の主張

▷ 内容

○ 請求人による上申書と質問応答記録書では請求人が定期貯金を被相続人の財産に含まれることを認識していた旨の記載があり、

○ 上申書には請求人の記名押印もあった。

○ 同上申書には「私名義の定期貯金については、夫の農業所得によって形成された財産であり、夫に帰属する財産であると認識をしていました」などと記載されている。

○ また、質問応答記録書についても請求人が家族名義の預貯金が相続財産になり得ることがあると説明を受けた旨が記載されている。

○ 調査時に請求人名義の通帳や証書の提示がなかった。

『週刊　税のしるべ』大蔵財務協会 2019 年 9 月 2 日 No.3377 より

木村：　一方、税務署は何と言ったかというと、「いやいや、あなた、質問応答記録書をとったときに、それは被相続人の財産に含まれることを認識していた旨の記載がありますよ。別途、上申書には納税者の記名押印もありましたよ」と。その上申書には「私名義の定期預金については、夫の農業所得によって形成された財産であり、夫に帰属する財産であると認識をしていました」と書かれている。また質問応答記録書についても、納税者が家族名義の預貯金が相続財産になり得ることがあると説明を受けたと、税理士さんからそういう説明を受けた旨が記載されていると。さらに調査のときに納税者名義の通帳や証書の提示がなかった。あるべきものを出さなかった。そんなこと諸々を鑑みると重加算税でいいんだという話ですかね。

　まずこの両方の主張を見て、鈴木さんどう思いますか。

鈴木：　納税者が「自分名義の財産だった」ということですので、一般の方の感覚からすると、これは自然なところだと思うんですよ。自分の名義のものなので、これは自分のもので、あくまで相続税の申告をしなければならないのは亡くなったご主人の名義のものであるという感覚は、こんなものだと思うんですよね。

　この家族名義の預貯金が相続財産になり得ることがあるという説明を受けた旨の記載があるということですが、このあたりもどういう意味でそういった説明だったのかというところを、納税者が本当に理解しきれていたのかという疑問は感じますよね。このいわゆる名義預金というものです。

国税不服審判所の判断

▷ 内容

○ 審判所は、まず定期貯金が相続財産に含まれると請求人が認識していたかを検討。

○ 原処分庁が提出した請求人による上申書と質問応答記録書では請求人が定期貯金を被相続人の財産に含まれることを認識していた旨の記載があり、

○ 上申書には請求人の記名押印もあった。

○ しかし、同上申書には「私名義の定期貯金については、夫の農業所得によって形成された財産であり、夫に帰属する財産であると認識をしていました」などと記載されているが、

○ 請求人は当時高齢（年齢は非開示）で、長年にわたり被相続人と2人で農業に従事し、その所得の全部が被相続人に帰属するという法的知識を有していたことは認めがたいことからすれば、

○ その内容が不自然であるとの疑いを払拭できないと指摘。

○ また、質問応答記録書についても請求人が家族名義の預貯金が相続財産になり得ることがあると説明を受けた旨が記載されているだけで、

○ その際の具体的な説明内容や根拠がまったく記載されていないことなどから、上申書と同様に信用性を認めることができないとした。

○ 他方、原処分庁は調査時に請求人名義の通帳や証書の提示がなかったと主張するが、調査の際に提示のなかった通帳類は後日、調査担当職員に提出することで了解されており、

○ 請求人は調査終了後に同通帳類の写真を実際に調査担当職員に提

出したと認定。

○ このため、請求人には定期貯金の証書の存在を隠ぺいする意思は
なく、過少申告の意図があったものとは認められないなどと判断
し、結果、当初申告は事実を隠ぺいまたは仮装したところに基づ
くものとはいえないから、重加算税の賦課要件を満たさないとし
た。

『週刊　税のしるべ』大蔵財務協会 2019 年 9 月 2 日 No.3377 より

木村： 　国税不服審判所の審判官ですね、審判官は職権主義ということ
で何でも聞けて証拠を集めることができるんですね。

　お互い主張していないことも、確かいろいろ調べることができるので、
そういった意味では納税者に会っていろいろ事情を聞いたわけで。聞い
たうえでの判断ですね。

　まずは定期預金が相続財産に含まれるかを納税者である妻が認識して
いたかの検討ですね。質問応答記録書には認識していた旨の記載があり
ます。上申書にも請求人の記名押印があった。しかし、その上申書には
私名義の定期預金については夫の農業所得によって形成された財産であ
り、夫に帰属する財産であると認識していました、などと記載されてい
るけれども、納税者は当時高齢（年齢非公開）で長年にわたり農業に従
事し、その所得の全部が被相続人に帰属するという法的知識を有してい
たとは認めがたい。高齢の方が二人で農業をやってきて、「あれは夫の
ものだよ」ということを法律的に知っていたとは認められないというこ
とです。その内容が不自然であるという疑いを払拭できないんですね。
きちんと認めてその事実関係を確認してくれているわけですよね。

質問応答記録書についても、請求人が家族名義の預貯金が相続財産になり得ることがあると説明を受けた、と記載されているだけでその際の具体的な説明内容、根拠が全く記載されていないということから、上申書と同じように信用性を認めることができない、と。

　一方、税務署には、調査時に提示のなかった通帳類は、後日、調査担当職員に提出することで了解されているわけだから、「あるべきものを見せなかったわけじゃないよ」と言ってるわけですよね。

　そして、納税者は調査終了後にその通帳も実際に調査担当職員に提出したと言っているじゃないですかと。このため調査にもちゃんと協力していて、あるべきものを見せなかったということはないので隠ぺいする意思はなく、過少申告の意図があったものとは認められないなどと判断した。

　結果、繰り返しですが仮装または隠ぺいに該当しないということで重加算税の賦課決定を満たさないという話なんですが、まずこの判断ですね、全体的に見て鈴木さんの感想をお願いします。

鈴木：　おそらくこれは調査官が調査の過程で、「これは名義財産だと知っていて相続財産として申告しなかったんだ」と、ある意味思い込みというか、何かこういった、意図的にやった、隠したというような展開にならないと重加算税にならないということで、調査官が持っていきたい話の方に、誘導尋問という言い方が適切かどうかはわかりませんが、そういった流れの内容が書類に残ってしまっていたのかなとは思いますね。

木村：　そうですね。質問応答記録書の中で、相続財産になり得るという説明を受けたという話なんですが、高齢の方にそういう説明をしても理解できるのかというのがちょっと疑問ですよね。

ちょっといやらしいのは、調査のときに通帳や証書を見せなかった。「だからあるべきものを見せなかった」という風に税務署は主張しているんですが、「今出ないので後で見せます」ということで後日きちんと書類を提出していると。こういうことってたまにありますよね。どこにしまったか忘れてしまったので「ちゃんと後日見せます」と言ったうえでコピーを提出することはあるんですが、そこのところは、若干うがった見方ですが、わざと出さなかったみたいにとらえている、非常に残念な関係ですよね。

鈴木：　そうですね。

木村：　いずれにしても結果的には、仮装または隠ぺいということで、何と言っても高齢であり、体力がないということを審判官が納税者と面談し、理解した上で、重加算税は外れたということですね。

どうすればよかったか

▷ ポイント

○ 相続人（場合によっては孫、ひ孫まで）全員の預金の確認をする。

○ その名義人の財産形成過程を確認する。（持参金、働いたお金、実家からの相続、生前贈与）

○ 名義人本人がその財産形成過程を認識・説明できない預金は、被相続人の相続財産として申告する。

○ 相続税調査では、ウソをつかない、資料を偽造しない、調査に協力する、あるべき資料を提示する。

○ 相続税に詳しい税理士に依頼する。

250

木村： どうすれば良かったのかということでいくつかポイントを書きました。

　まず相続人、場合によっては孫、ひ孫まで全員の預金を確認する。つまり、家族全員の調査が相続税の調査の特徴ということですね。あとは名義人の財産形成過程を確認されるんですよと。持参金なのか、働いたお金なのか、実家からの相続なのか、生前贈与なのかということを確認されますよと。

　あとはその名義人本人がその財産形成を認識、説明できない預金というのは被相続人の相続財産として認定されてしまうのでしょうがない、と。あとは相続税調査ではウソをつかない、資料を偽造しない、調査に協力する、あるべきものを提示するということです。特に調査前に配偶者の預貯金を聞かれるので、全部事前に用意しておいてもらうといいかもしれないですね。そうすると「全部きちっと協力したし見せてくれた」ということで心証もいいかもしれません。あとは何と言っても相続税に詳しい税理士に依頼するということですが、このポイントも含めて、何か気になることがあれば鈴木さん、コメントお願いします。

鈴木： どうすれば良かったかというところで、事前に対策を打てるところは、対策というか検討ですね、できることをしっかりやっておくというのもそうなんですが、いざ調査の場になったときに、こういう質問応答記録書なり、こういった書類の確認だったり、サインを求められるというケースがあるかと思います。

　そのときに、「ちょっと一旦持ち帰って確認しますね」というのは、この質問応答記録書に関してはできません。一旦持ち帰って検討することも許されませんし、サインしたものを自分でも残しておきたいので、「コピーとらせてください、写真撮らせてください」というのも NG です。

　ということで、その場で見せられてその場でサインをして、自分の手

元には何も残らないという状況のものなんですが、それをその場で本当にこれ自分が言ったのかとか、もしかしたら想定外の課税を受けてしまうような表現になっているのかどうかというのを、一般の納税者の方が思いつくというのが非常に難しい。想定外の、今回も税務調査の結果、重加算税をかけられてしまったということですので、調査のときもしっかり慣れた税理士と一緒に臨むというのが大事なのかなと思います。

木村： そうですね、このケースは質問応答記録書が高齢者の場合は信憑性がないということで取り消されたということです。

　高齢者の質問応答記録書はその信憑性を立証することがなかなか難しいということを覚えておいていただきたいと思います。

　全体を通して感想があれば、鈴木さんお願いします。

鈴木： そうですね、質問応答記録書という話になった場合、「これ怖いな。サインしたくない」ということはあると思うんですよね。それにサインしたくなくても、調査の場で言われるのが、「どうしてもサインが嫌ならいいです。その代わり嫌な理由を教えてください。でも内容は間違いないんですよね？　サインしたくないだけで内容は間違いないんですよね？」ということを必ず聞かれまして、調査官は「こうこうこういう理由でサインは拒否されましたが、内容については了解している」という記録を残すということですので（笑）、質問応答記録書というのが出てくると、一個一個長い文章を判断するのが、かなり納税者にとっては難しいのかなと。

　でも、これを書かれたからといって即、重加算税になる話ばかりではありませんので、やはり一つ一つの対応、事前の準備や認識も含めてしっかり対応していくことが大事なんでしょうね。

木村：　そうですね、やはり質問応答記録書とは何かということを理解したうえで、現場に立ち会う税理士がしっかりしていれば、きちんとした対応ができるのかな、ということです。以上です。ありがとうございました。

失敗しない
生前贈与の仕方

「贈与したつもり預金」とならないために

対談者：真境名 元樹

序

木村：　第9回は「失敗しない生前贈与の仕方〜「贈与したつもり預金」とならないために〜」です。これは何を言っているかというと、一般の方は、お父さんから奥さん、あるいは、お父さんから子供たちに贈与したと思われていたものが、実際にお父さんが亡くなり、相続税調査が行われたときに調査官に何と言われるかというと、「これは贈与ではありません。単なる名義を変えただけですよね」——そのとき初めて気がつくんですね。

　だから、そういう観点から、きちっとどういう形で贈与しなければいけないかということを、真境名さんと進めていきたいと思います。

「贈与したつもり預金」 とならないために

▷ 8か条

（1）贈与契約は、贈与する人の「あげるよ」ともらう人の「もらうよ」
  の意思の合致が必要

（2）贈与契約はいつ成立するのか
  ○ 書面による贈与＝契約書作成日
    （登記・登録等が必要なものはその時）
  ○ 贈与日が不明＝名義変更の時
  ○ 口約束＝その財産を引き渡した日（送金して入金した日）

（3）贈与契約書を作成すること

（4）未成年者の通帳は、子の親が、子の新しい印鑑で作成すること

（5）子の通帳は親権者が管理しても良い（祖父母がしてはいけない）

（6）110万円を超える贈与をしたら必ず贈与税の申告をすること

（7）現金・定期預金証書・株券は、必ず贈与した相手に引渡す（株
  の売買に贈与した人が顔を出してはいけない）

（8）もらった定期預金・株式からの利子・配当は、もらった人に入
  金

木村： まずは「贈与したつもり預金」とならないための8か条です。

（1） 贈与契約は、贈与する人の「あげるよ」ともらう人の「もらうよ」
  の意思の合致が必要

（2） 贈与契約はいつ成立するのか

まず、書面による贈与＝契約書作成日（登記・登録等が必要なものは
その時）……ということですが、真境名さん、これはどういうことを想
定しているかわかりますか。

真境名：　登記とありますので、不動産を想定していると思います。具
体的には贈与契約書云々ではなく、登記をした日が贈与の基準日になる
のかなと思いますが、贈与契約書の日付ではなくて、登記日としている
のは、何か目的というか課税上の弊害があってそうなっているのでしょ
うか。

木村：　世の中に賢い人がたくさんいます。民法の理屈では、贈与とい
うのは、意思主義ですから、「あげたよ」「もらったよ」ということで財
産が移転するんですね。しかし、不動産については、契約書でもいいわ
けです。口頭よりもその証拠を残すための契約書、もっと具体的に言う
と公正証書にする。
　15年前、10年前に、父親は息子に対して公正証書で「どこどこの駅
前にある土地をあげるよ」という贈与契約をつくった。で、10年経っ
てから登記をした。そのときに、それは認められるのか？　どうですか、
真境名さん。

真境名：　認められないと思います。贈与契約書を作成し、それを隠し
ておいて、7年という贈与税の時効が過ぎてから登記をすれば課税され
ずにすむということになると真面目に納税している納税者との課税の公
平が保てないと思います。

木村：　そうですね。平成12年の名古屋地裁の判決があるのですが、
そういう賢い人がいたんですね。10年前、公正証書で贈与契約書をつ

くった。10年後に登記した。税務署が「登記登録したときが贈与の日ですよ」と言った。

　そのときにどういう議論をしたかというと、

「ちょっと待って、税法は民法を前提に動くんだよね？　民法であれば、この公正証書で10年前につくっているから、このとき移転しているんですよ。登記は対抗要件でしかありませんよ」

「いやいや、基本通達がありますよ」

「基本通達は法律じゃありませんよね？」

　ということだったのですが、今言ったように法律に詳しい人がそんなことをやったら租税回避を認めるということで、相続税法基本通達の第何項か忘れてしまいましたが、登記・登録を要するものについてはその登記をしたときということで課税が行われたということです。

　話を戻しまして、「贈与日が不明＝名義変更の時」である、そして、「口約束＝その財産を引き渡した日（送金して入金した日）」です。ということは、履行するまでは口約束は取り消すことができるんですね。

（3）　贈与契約書を作成すること

木村：　次は、贈与契約書を作成すること。やはり口頭で「あげるよ」「もらうよ」と言ったときに、「本当に贈与する意思があったんですか？」ということは税務調査でよくありますので、やはり贈与契約書を作成することですね。

　真境名さん、一つ質問です。一般的な夫婦の間でよくありますね。「生活費が余ったらお前にあげるよ」と言われて貯めていた──奥さん名義で積み上がったお金は誰のものか？　という議論があります。

　そのときも、「契約書がないよね？　民法は夫婦別産制ですよね？

別産制というのは稼いできた人のものだから、ご主人が働いていて、奥さんが専業主婦で、いくら『生活費の残りをもらっていいよ』と言われていたとしても、それは証明できない。だから、積み上がったものは民法の別産制の考え方からいくと、稼いできたご主人のものだ」ということでやられてしまいますよね。これはどう思いますか。

真境名： 実務でよく耳にする名義預金のことだと思います。贈与は当事者間の「あげるよ」「もらうよ」という意思の合致が必要ですので、生活費として渡しているもののうち余った分を自分の口座に入れていたとしても、それは贈与ではないのかなと思います。あとは贈与契約書をつくっていないということになると、贈与の立証もできないので、これは旦那さんの財産だと思います。

木村： なるほどね。実際にはそうなった場合には預け金ということで相続財産になるんですけれども。
　では、次の質問です。「毎月手渡す生活費の中から3万円を君にあげるよ」と言われていて、仮に10万円もらって、きちんと3万ずつずっと口座に入れてきた。（それ）で、毎年36万円、10年で360万円、20年で720万円が貯まった。そこはどう思いますか。

真境名： 今のケースであれば、贈与者の「3万円あげるよ」ということに対して、もらう方も応えているわけで、口頭ではありますが、贈与契約が成立していると思います。

木村： いい発想だね。僕もそう思います。なぜかというと、定額でちゃんと入れているわけだから、そこは認められるのかなと僕も思います。

（4）　未成年者の通帳は、子の親が、子の新しい印鑑で作成すること

（5）　子の通帳は親権者が管理しても良い（祖父母がしてはいけない）

木村：　次に第4か条です。「未成年者の通帳は、子の親が、子の新しい印鑑で作成すること」そして、同じように第5か条。「子の通帳は親権者が管理しても良い（祖父母がしてはいけない）」です。

　真境名さん、なぜ祖父母が管理してはいけないのですか。

真境名：　贈与した祖父母が孫の通帳を管理して入出金が自由にできる状況にあるということは、贈与が履行されていない、と見られる可能性が高いと思います。

木村：　まあ、そういう側面もありますが、期待していた答えは、「子供の親権者は親なんだよね。親権者は親で、お祖父ちゃんお祖母ちゃんは親権者ではない。親権者ではないお祖父ちゃんお祖母ちゃんがなぜ孫の通帳を管理するの？　管理する権利もないし義務もない。だからやってはいけない」ということです。できるのは親権者である親だけです。

（6）　110万円を超える贈与をしたら必ず贈与税の申告をすること

木村：　次は第6か条。「110万円を超える贈与をしたら必ず贈与税の申告をすること」です。

　これは当たり前ですね。

（7）　現金・定期預金証書・株券は、必ず贈与した相手に引渡す

（8）　もらった定期預金・株式からの利子・配当は、もらった人に入金

木村：　第7か条は、「現金・定期預金証書・株券は、必ず贈与した相手に引渡す」（株の売買に、贈与した人が顔を出してはいけない）。

　そして、それに絡む第8か条。「もらった定期預金・株式からの利子・配当は、もらった人に入金」。

　真境名さん、これは何を想定していると思いますか。

真境名：　預金や株を相手に譲ったのであれば、そこから生まれる収益も当然、もらった人が自由に使えるはずだと思います。あげる前とかわらず配当収入などがあげた方の口座に入金されているようだと、そもそも贈与が履行されているかどうか問題になるのではないかと思います。

木村：　第7か条については、例えば、定期預金証書を引き渡しても何かが欠けているとダメなんですね。それは、印鑑です。よくお祖父ちゃんが、自分の印鑑で子供ないし孫の定期預金証書をつくる。「これはお前のものだからな」と言って、定期預金証書だけを渡す。でも孫はその元となった定期預金証書の印鑑をもらっていないから、これを解約できない。

　つまり、完全支配下に入っていない。そういう意味で、相手に完全に引き渡すという意味は、「いつでも、その定期預金証書を自分のものとして解約して使える状態にする」ということです。そういったことが税務調査で出てくるわけですね。

「この預金証書、どこにあったんですか？　この印鑑はどこにあったんですか？」

「預金証書は子供の方にありました」

「でも印鑑はどこにあったんですか？」

　お祖父ちゃんの金庫だとなったときに、それはお祖父ちゃんのものですよね」となるわけです。

で、第8か条ですが、今、定期預金はおよそ0.01％で力がないのですが、株の配当利回りはもっと高いですよ。名義だけ子供に変えておいて「配当は私のところに入れてくれや」と。

　それを税務的に見ると、完全には所有権が移転していない。なぜなら、株券の元本と配当はセットなんです。本来は株券の新たな名義人が配当をもらうべきですから、「そんなことをやってはいけない。疑われるよ。場合によっては否認されるよ」という話です。

ある相談者の事例

▷ 相関図

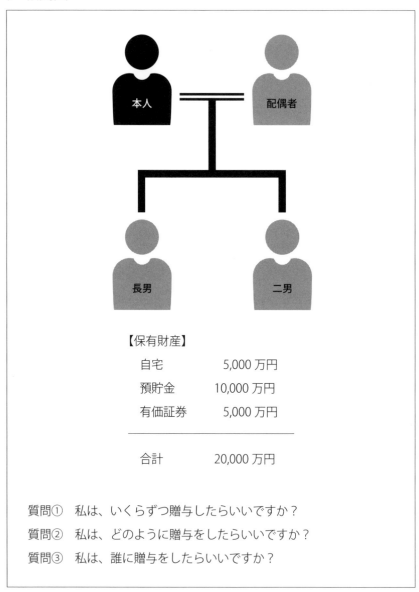

【保有財産】

自宅	5,000 万円
預貯金	10,000 万円
有価証券	5,000 万円
合計	20,000 万円

質問①　私は、いくらずつ贈与したらいいですか？

質問②　私は、どのように贈与をしたらいいですか？

質問③　私は、誰に贈与をしたらいいですか？

木村：　ある相談者の事例ですね。

　本人がいて、配偶者がいて、子供（長男、次男）がいます。財産は「自宅5000万円、預貯金1億円、有価証券5000万円で2億円」があります。

　この方から、真境名さんが質問を受けます。「私はいくらずつ贈与したらいいんですか？」「私はどのように贈与したらいいんですか？」「私は誰に贈与したらいいんですか？」と。

　まずは、贈与税早見表がわかりやすいと思います。特例贈与と一般贈与に分かれますが、特例贈与の方が税率が低く設定されています。特例贈与は、直系尊属（祖父母や父母）からその年の1月1日において18歳以上の子・孫等に贈与した場合です。

　表左側の特例贈与でいくと、500万円贈与して485,000円。右側の一般贈与にいくと、500万円贈与して、53万円。だいたい500万円ぐらいから変わってくるんですね。

　1000万円あげたときに特例は177万円、一般は231万ということですね。特例と一般の違いは今言った通りですが、一般というのは、「左側の特例に該当しないものは全部右側の税金ですよ」ということです。そんな感じで、いくらあげるかということを検討していただければということです。

　ここで何か、質問ありませんか。

真境名：　一点だけ宜しいでしょうか。特例贈与の方が税金としては低く抑えられているのですが、贈与者に関しては、年齢制限はないですよね。直系血族と尊属であればいいと。

　一方で、もらう方については、2022年の4月以降は18歳以上という年齢制限がありますが、目的は何でしょうか。

木村：　おそらく、60歳以上の高齢者の方たちが日本の金融資産

2000兆円の6割ぐらいを持っているという話なので、早く直系の子供や孫に渡して使ってもらいたいということでしょう。その一つの区切りが、旧法では20歳。今、成人年齢は18歳になったので、「お祖父ちゃん、お祖母ちゃんからお金をもらってよ。税金を安くするから使ってよ」という発想かなと思います。

▷ 贈与税早見表

< 特例贈与 >

※直系尊属（祖父母や父母）からその年の1月1日に　おいて18歳以上の子・孫等に贈与した場合

贈与金額（万円）	贈与税額(万円)	実効税率(%)
110	0	0.0
200	9	4.5
300	19	6.3
400	33.5	8.4
500	48.5	9.7
600	68	11.3
700	88	12.6
800	117	14.6
900	147	16.3
1,000	177	17.7
1,500	366	24.4
2,000	585.5	29.3
2,500	810.5	32.4
3,000	1,035.5	34.5
4,000	1,530	38.3
5,000	2,049.5	41.0
6,000	2,599.5	43.3
7,000	3,149.5	45.0
8,000	3,699.5	46.2
9,000	4,249.5	47.2
10,000	4,799.5	48.0
15,000	7,549.5	50.3

< 一般贈与 >

※　特例贈与以外の贈与の場合

贈与金額（万円）	贈与税額(万円)	実効税率(%)
110	0	0.0
200	9	4.5
300	19	6.3
400	33.5	8.4
500	53	10.6
600	82	13.7
700	112	16.0
800	151	18.9
900	191	21.2
1,000	231	23.1
1,500	450.5	30.0
2,000	695	34.8
2,500	945	37.8
3,000	1,195	39.8
4,000	1,739.5	43.5
5,000	2,289.5	45.8
6,000	2,839.5	47.3
7,000	3,389.5	48.4
8,000	3,939.5	49.2
9,000	4,489.5	49.9
10,000	5,039.5	50.4
15,000	7,789.5	51.9

どのように贈与するか

木村：　どのように贈与するかについては、まず、何と言っても「贈与の証拠を残しましょう」と。

　そのためには、贈与契約書を作成することです。確実性を高めるためには、公証役場で確定日付を取りましょう。確定日付というのは、たしか1枚につき700円だったと思います。ハンコを押してもらったら、その日、そのときに契約書が存在したということになりますから、ベストの方法でいくならそうすべきだと思います。

　それから、よくあるのが、贈与税を少し払って、贈与税申告書を税務署に提出するやり方です。昔、六一申告といって、平成12年までは、61万円でやって1000円の税金を払うというやり方の延長線上ですよね。例えば、現金111万円を贈与し、1000円の贈与税を支払うということをやってもいいのかなと思います。

　また、現金贈与の場合には、口座振込にして通帳に記録を残しましょう。これは、出す方がどの口座から払って、もらう方のどこどこの口座に入っている——その紐付けは必ず確認しておいてください。そうしないと、「タンス預金があったのではないか？」と言われてしまいます。

　もし、お祖父ちゃんが孫たち3人に80万円ずつ送金した。でも、お祖父ちゃんのどの口座からも240万円が出ていない。孫の3人の口座には80万円ずつ入っている。これも相続税の調査をするとわかるわけですね。

　そのときに調査官が何を思うかというと、「ああ、タンス預金があったんだな」とピンと来るわけです。だから、振込の場合は、通帳から通帳でやってください。これは鉄則です。あらぬ誤解を受けないためです。また、すごく大事なのが、受贈者（もらう人）は、自己名義の口座を自分の印鑑でつくることです。決して、家族みんな同じ印鑑にはしないよ

▷ 贈与の証拠を残しましょう

（1）　確実性を高めるためには、公証役場で確定日付をとりましょう。

（2）　贈与税を少し払って、贈与税申告書を税務署に提出しましょう。

　　　（例）現金 111 万円を贈与し、千円の贈与税を支払う。

（3）　現金贈与の場合には、口座振込にして通帳に記録を残しましょう。

（4）　受贈者（もらう人）は、自己名義の口座を自分の印鑑でつくりましょう。

（5）　受贈者（もらう人、未成年者である場合にはその親権者）が通帳、印鑑、証書などを保管しましょう。

贈与の時効

贈与の申告漏れや間違いがあった場合に税務署が職権で追徴できる期間は？

　通常・・・・・・6 年

　悪質な脱税・・・7 年

手許で保管しましょう

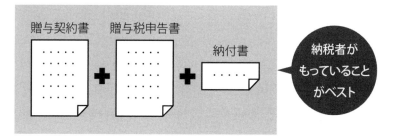

うにしましょう。新しい印鑑を買ってきて、子供さんが成人になったときに、「これはお前の通帳と印鑑だよ」とちゃんと渡してあげてください。そして、受贈者（もらう人、未成年者である場合にはその親権者）が通帳、印鑑、証書などを保管しましょう。

　次は時効の話です。専門用語で言うと、「更正・決定の除斥期間」ということになります。

　贈与の申告漏れや間違いがあった場合に税務署が職権で追徴できる期間は、通常は6年、悪質な脱税は7年です。

　実は相続税の調査ではなかなか税務署は贈与と認めてくれません。なぜなら贈与だと言ってしまうと、6年間で時効になってしまうからです。

　最近の傾向は通帳から通帳へ移動したときに、それが6年以上前にあったときにどういう風に理解することが多いかというと、移動したときに金銭債権が成立するということですね。貸し借りが成立する。

　「では、それが贈与であると言うなら贈与の証拠を見せてくださいね。特別な事情があったり、贈与契約書があれば別ですが、ない場合は、金銭債権です。貸し借りですよ」という話になりますね。なかなか認めてくれません。

　だから何が大事かというと、贈与における3点セット。贈与契約書、贈与税申告書、納付書──これを全部セットにしてちゃんと保管しておいてくださいということです。

　贈与契約書、贈与税申告書、納付書ですが、よく調査で言われるんですよね。

　「申告書どっか行っちゃった。税務署さんが持っているでしょ？　知っていることを聞かないでよ。うちは出しているんだから、間違いなく」と言ったときに真境名さん、税務署は何と言いますか？

真境名： えっと、今の質問は……？

木村： 「毎年うちは 200 万円の贈与税の申告書を出していた。去年お祖父ちゃんが死んじゃった。贈与契約書はどっか行っちゃった。でも贈与税の申告も納付もしているよ」という話になったときに、納税者は税務署の職員に対して、いろいろ言うわけですが、私が何を言いたいかというと、この贈与税の申告書も所轄税務署には 5 年分しかないということです。税務署にもないんですよ。

　だから何が大事かというと、税務署は 5 年分しか持っていない。5 年を超えるものは全部、国税庁の倉庫に行ってしまう。ということは、納税者が持っていないと、贈与税の申告書の控え自体も見つからないんですね。そのことをよく理解しておいてください、と。
「税務署に出したから税務署が持っているだろう？」というのは納税者の期待であって、現実的ではありません。そういう意味で、ずっと何十年も納税者自身が持っていることが大事であって、相続税の調査のときに過去の贈与税申告書をお見せすると心証がいいわけです。

▷ 贈与契約書の雛形（サンプル）

1．通常の場合

贈与契約書

　　贈与者　本郷太郎（以下、「甲」と称する。）と、受贈者　本郷花子（以下、「乙」と称する。）は、次のとおり贈与契約を締結した。

　　甲は乙に対して　現金　×××　円を贈与することを約し、乙はこれを承諾した。

　　○○年○月○日

　　贈与者　（甲）　住所　東京都○○区○丁目○番○号
　　　　　　　　　　氏名　**本郷 太郎** 印

　　受贈者　（乙）　住所　東京都○○区○丁目○番○号
　　　　　　　　　　氏名　**本郷 花子** 印

日付、贈与者の住所氏名、受贈者の住所氏名を自署し、捺印をすることにより、当事者同士に贈与の意思があったことの確認をします。

2. 受贈者が未成年の場合（法定代理人父と母が署名捺印）

贈与契約書

贈与者　本郷太郎（以下、「甲」と称する。）と、受贈者　本郷花子（以下、「乙」と称する。）は、次のとおり贈与契約を締結した。

甲は乙に対して　現金　×××　円を贈与することを約し、乙はこれを承諾した。

〇〇年〇月〇日

贈与者　（甲）　住所　東京都〇〇区〇丁目〇番〇号
　　　　　　　　氏名　**本郷 太郎**　　印

受贈者　（乙）　住所　東京都〇〇区〇丁目〇番〇号
　　　　　　　　氏名　**本郷 花子**　　印

上記法定代理人（父）　住所　東京都〇〇区〇丁目〇番〇号
　　　　　　　　氏名　**本郷 一郎**　　印

上記法定代理人（母）　住所　東京都〇〇区〇丁目〇番〇号
　　　　　　　　氏名　**本郷 小百合**　印

木村： 前のページに２つのサンプルがあります。左側と右側で、何が違うか。左側は、受贈者が成年者で18歳以上の花子ちゃんという通常のケース。

　一方、右側は、孫の花子ちゃんが赤ちゃんのケースです（法定代理人父と母が署名捺印）。

　左側はお互いに成年ですから、お互いに自署押印をすることが大事ですね。

　一方、右側の役者は４人ですね。主役は太郎さん、贈与者、住所氏名ですね。受贈者、花子ちゃんは赤ちゃんですから住所氏名は書けません。ここはお父さんかお母さんが書いてください。ご夫婦が離婚していないときには親権者２人で法律行為を行いますから、２人の署名が必要ですよ。印鑑はあってもなくてもいい。これで完璧ですね。

　税務署の方が、たまにこういう言い方をしますよね。「花子ちゃんは赤ちゃんだから贈与という認識はないんじゃないの？」と。真境名さん、ここはどう思いますか。

真境名： 最初の方でお話があった、贈与の要件が「贈与者と受贈者の意思の合致」という点からしますと、もらうお子さんが小さくて、意思判断能力がないということであれば、贈与契約は成立しないのかなという気がしていましたが、さきほどの木村さんの話で、未成年者の場合は親権者が署名捺印をしていればいいということなので、右側の契約書では、親権者である父親と母親がともに納得して署名捺印しているのであれば成立するのかなと思います。

木村： 答えはそれでいいのですが、もっとストレートに言ってほしかったですね。花子ちゃんが赤ちゃんで認識がなくても、未成年者の親権者が法律行為を行って認識すれば花子ちゃんが認識するのと同じなんで

す。これは民法のものですね。税務の過去の裁決事例でもあります。未成年者の法律行為は親にあるから、親が認識していれば受贈者である子供、孫について当然税務上の贈与も成立するとなっているから、そう言ってほしかったですね。

真境名：　贈与契約書の右側のケースは、受贈者が未成年で、おそらく祖父母からお孫さんへの現金の贈与で、お孫さんの両親にあたる親権者が管理しているケースだと思います。たとえば祖父母からではなくて両親から未成年のお子さんに対して現金の贈与を行う場合には、受贈者のところのサインはご両親がするものなのでしょうか。

木村：　「父親の一郎さんが花子ちゃんに贈与した場合はどうなのか？」ということですね。それは、贈与者のところに「住所・氏名　本郷一郎」と書いて、あとは同じです。一郎さんは一人二役です。贈与する側と未成年の花子ちゃんの親権者としての一郎さんの立場で出ているのです。

真境名：　整理できました。ありがとうございます。

木村：　では逆に質問をしますね。贈与者のところを私たちは必ず「自署押印してください」と言います。どういった意図でそう言っているかわかりますか。

真境名：　それは本人が意思を持って贈与したという証明のために、あえて直筆で署名をお願いしているということです。

木村：　そうですね。最近、超高齢者であるお祖父ちゃん、お祖母ちゃんからの贈与が多いので、やっぱり「このときに意思能力あったの？」

となったときに、自署押印があれば……、どんなにミミズがはったような字でもいいんです。「本人が書いたんですよ」ということで、本人の意思能力があったと言えると思いますのでね。高齢者の場合には、必ず私は「書いてください」と言っています。

誰に贈与するか

……………………………………………………………………………………………………

① 「お孫さんに贈与しましょう」

▷ 孫に贈与するメリット

（1）世代飛び越し効果

　　たとえば、父から子に贈与せず、孫に贈与すると、その相続財産分の子から孫への相続税を軽減することができます。したがって、贈与する相手は配偶者の方よりもお子様に、お子様よりもお孫様にされたほうが、より効果的です。

（2）生前贈与加算の対象外

　　相続人が、相続開始前 3 年 ⁽注⁾ 以内に贈与を受けた財産は相続財産に加算されますが、相続人ではないお孫様が、相続開始前 3 年以内に贈与を受けた財産は生前贈与加算の対象となりません。（相続または遺贈により財産を取得した場合を除く）

　　（注）2024 年以降は生前贈与の加算期間が 3 年→7 年に延長

木村：　では、誰に贈与するかですね。まずは、「お孫さんに贈与しましょう」ということです。

　世代飛び越し効果ということで、本来であれば父から子供へ行ったときに一回相続税、子供から孫へ行ったときにもう一回相続税──と 2 回かかるところを、お祖父ちゃんから孫に 1 代飛ばして贈与すると、2 回相続税を納付しなくともいいという意味の世代飛び越し効果がありますよ、と。

もう一つが、生前贈与加算の対象外という話です。３年以内ですね。よく言うのですが、「父と子と孫がいたときに、そのお父さんの相続人は誰ですか？」と言ったときに、お父さんの配偶者と子供なんですね。「孫はお祖父ちゃんから見た相続人ですか？」と言ったときに、相続人ではありません。

　ということなので、３年以内に贈与した財産をもらった相続人には該当しないということで、孫は生前贈与加算の対象外です。

　よくあるのは、孫がたまたま生命保険の受取人になってしまったときに、相続または遺贈によって財産を取得した者になりますので、そのときは過去３年内に贈与したものは取り込まれますので、要注意です。

真境名：　あとはお孫さんが——カッコ書きにも書いてありますが、遺言で、例えば不動産を孫にあげるという形で指名されている場合は、それも先ほどの生命保険と同じように、相続財産を受け取っているのであって、３年内贈与加算の対象になってくるということでよろしいですか。

木村：　そうですね、おっしゃる通りです。あと何かありますか、質問は？

真境名：　お孫さんに積極的に贈与した方がいいケースというのは、贈与者が高齢な場合には若い方に比べると生前贈与加算のリスクが高いと思いますので、なるべく相続人ではなく、お孫さんの方がいいということですかね？

木村：　そうですね。あとはキャッシュリッチであることが前提ですね。当然のことながら、自分の老後の生活資金がなくなっても困るので。

真境名： ありがとうございます。

②　大勢の方に贈与しましょう

木村：　次に誰に贈与するかということで、「大勢の方に贈与しましょう」ということです。

　次のイラストの、上のお祖父ちゃんと下のお祖父ちゃんでは、何が違うか？　上のお祖父ちゃんは、450万円を子供1人に贈与する。下のお祖父ちゃんは、450万円を子供2人と孫1人の合計3人に贈与する。

　そうすると上の方のお祖父ちゃんの贈与では贈与税41万円。一方、下側のお祖父ちゃんの贈与では、贈与税1人4万円ということで3人だと12万円。何が違うと思いますか？

真境名：　基礎控除が1人当たり110万円。もらう方が1人だと110万ですが、3人に分けて贈与することで330万円になる点と、あとは分配することで、さきほどの低い税率で計算ができるということです。

木村：　そうですね、もっと丁寧に説明すると、上側は450万円から110万円の基礎控除を引くと340万円。これに対して税率をかける。それに対して、下側のお祖父ちゃんからもらう子供2人と孫1人に対しては、150万円から110万円を引いたら40万円。これに税率をかけるということで、税率をかける前の金額が大きいか小さいかによって、当然のことながら税金が変わってくるということです。

　だから、たくさんの人に分ける方が得だということですね。

　ただし、ここでも「自分の老後の生活資金は減らないように意識してください」ということですね。60歳を過ぎるとどうしてもそういったことが心配になりますね。

▷ 複数名に贈与するメリット

贈与税は計算するとき、一年間に受けたすべての贈与の額から、110万円（基礎控除）を差し引くことができます。

これにより、受贈者を複数にすると、その人数分だけ基礎控除が活用できます。また、1人当たりに贈与される額も低くなるので、累進税率の緩和も図れます。もし、贈与できる親族などが限られる場合には、その方に一度に贈与するのではなく、数年に分けて贈与するほうが、基礎控除を有効に活用できます。

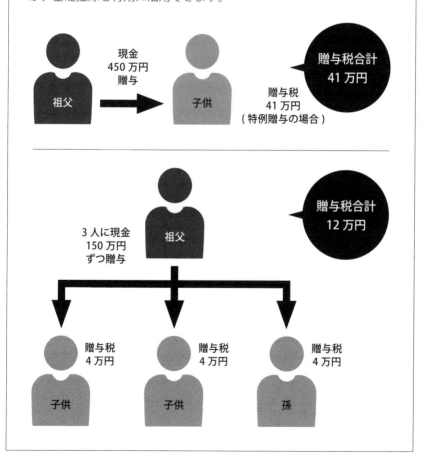

Q & A 過去の贈与契約書を未作成

▷ Q1

贈与契約書が必要なことはわかっていますが、過去に贈与した分（贈与契約書を締結していない）についてはどうしたらよいでしょうか。

答え

本年以降、毎年契約書を作成すれば、過去の贈与契約書がなくても問題ないと思われます。

理由

○　過去の贈与契約書は作成をし忘れただけです。

○　どうしても書類を作成したければ確認書を作成します。

○　確認書（過去の事を今確認する）「過去〇月〇日に受贈者 太郎の口座 XXX に送金した〇〇万円については贈与であげたものである」旨を確認します。

木村： 　いろんなところでセミナーをしていると、こういう質問があります。

「贈与契約書が必要なことはわかっていますが、過去に贈与した分（贈与契約書を締結していない）についてはどうしたらよいでしょうか？」

　私はこう答えています。

「今年以降、契約書を毎年つくれば、過去の贈与契約書がなくても、それは『あげたよ』『もらったよ』という延長線上で理解してくれると思いますよ」と。

　なぜなら、過去の贈与契約書をつくるのを忘れただけだからです。今年からつくって、2年、3年、5年、10年……となれば、当然延長線上の過去として、そういったことは推定できますよね。

「どうしてもつくりたい」というときに、「さかのぼってつくっていいですか？」という質問があるのですが、それはダメです。では、どうしたらいいかというと、確認書をつくるのです。過去のことを、今、確認する。

　例えば、過去の「平成28年10月10日に受贈者＝本郷太郎の口座に送金した100万円については贈与であげたものである」ということですね。「令和4年5月27日贈与者　本郷一郎、受贈者　本郷太郎」となるわけですね。タイトルは「確認書」ですよね。過去のことを今確認する。これはセーフです。

　贈与契約書の代わりに、「何月何日に、もらった人の口座、どこにいくら送金した、あのお金は贈与なんだ」ということを確認するわけですね。

　どうしてもつくりたければそういうところでいいんじゃないかなと思います。これはどう思いますか？

真境名： 　この確認書には、あげた方、もらった方の両者が署名捺印を

すべきでしょうか。

木村：　そうですね。2人で確認したということですね。

真境名：　あともう1点、仮に確認書ではなくてバックデートで贈与契約書をつくった──過去の日付でつくった場合ですと、これは何か税務上のペナルティが発生するのですか。

木村：　よくあるのは、印紙が必要なものに「5年前の何らかの契約をしたときに印紙を忘れた」ということで、今気が付いて今の印紙を貼ると、「あなた、これ今の印紙だよ？　5年前のじゃないよ。インチキしたね」ということで、一つウソが見つかると全部がウソだと言われてしまいます。だから私は、「その場でやってはいけない」と言っています。バックデートはやっていけないと思いますね。

Q & A これから 10 年間分の贈与契約書

▷ Q2

今後 10 年間にわたり、毎年 100 万円を父が贈与してくれるといってくれました。ですが、毎年贈与契約書を作るのが大変なので、一回で済ませられないでしょうか。

答え

1 枚の契約書の中で毎年 100 万円ずつ贈与すると書いてあると、入口でその記載金額のすべて（100 万 × 10 年 = 1,000 万円）に贈与税が課税されます。

理由

○　あげる年ごとに、あげる人ごとに、毎年 100 万円贈与する旨の契約書を作成する必要があります。

○　毎年 110 万円の基礎控除があります。

木村： 次は、「これから 10 年間分の贈与契約書」ということです。

「今後 10 年間にわたり、毎年 100 万円を父が贈与してくれるといってくれました。ですが、毎年贈与契約書をつくるのが大変なので、一回で済ませられないでしょうか？」

私の答えです。

「1 枚の契約書の中で毎年 100 万円ずつ贈与すると書いてあると、入口でその記載金額のすべて（100 万円× 10 年＝ 1,000 万円）に贈与税が課税されます」

では、どうすればいいかというと、あげる年ごとに、あげる人ごとに、毎年 100 万円贈与する旨の契約書を作成する必要があります。その 110 万円の基礎控除を受けるためです。

Q & A　教育資金の贈与はどのような方法があるか

▷ Q3

教育資金の贈与はどのような方法があるのでしょうか。

答え

下記の3点が考えられます。

理由

① 小出しの教育資金贈与を活用します。（扶養義務者相互間の生活費、教育費は非課税となります。必要な都度、必要な金額を直接振込む）

② 教育資金の一括贈与制度1,500万円を活用します（金融機関等に非課税口座を開設します）。

③ 単純に、暦年贈与をした現金から教育費用を支払います。

木村：　最後の質問は、教育資金の贈与の方法ですね。「子供や孫に教育資金として贈与したいが、どのような方法があるのでしょうか?」と。

　3点が考えられます。まず1つ目は、昔からある「小出しの教育資金贈与を活用する方法」です。扶養義務者相互間の生活費、教育費は非課税となるので、必要な都度、必要な金額を直接振込む。

　例えば、東京にいる孫の花子ちゃんが有名私立に受かった。入学金等で初年度500万円かかる。そうすると沖縄にいるお祖父ちゃん、お祖母ちゃんが「出してあげるよ」と言ったので、請求書をお祖父ちゃん、お祖父ちゃんのところに送る。お祖父ちゃん、お祖母ちゃんは沖縄の銀行から花子ちゃんが入学した学校へ振り込む。

　それが「必要な金額を必要な都度」ということですね。

　では、沖縄にいるお祖父ちゃん、お祖母ちゃんは何を用意しておけばいいのか?　花子ちゃんに届いた請求書と銀行振込依頼書をとっておいて、将来、相続税の調査が来て、「この8年前に送金した500万円は何ですか?」と聞かれたときに、「孫の花子の入学金等々と学費です」と説明できるようにしておいてくださいねと。

　そのために、繰り返しですが、花子ちゃんに来た請求書と領収書を保管すること、そして銀行の振込依頼書もあれば完璧ですよね、という意味ですね。その小出しの教育費も使ってください。

　2つ目は、「教育資金の一括贈与制度1,500万円を活用する方法」です。金融機関等に非課税口座を開設します。

　3つ目は「単純に、暦年贈与をした現金から教育費用を支払う方法」です。

　真境名さん、①と②と③の違いは何かわかりますか?　特に③　VS.①、②の違いを挙げてください。

真境名：　③は暦年贈与と書いてある通り、直接お祖父ちゃんお祖母ちゃ

んから教育機関へ振り込むのではなく、現金をお孫さんへ渡してあげて、お孫さんが現金を教育機関に支払うというケースを想定しているので、非課税で渡せる金額には年間110万円という限度額があるということだと思います。

木村： そうではなくて、③はフリーハンドで使えるんです。何にでも使えるんですよ。①、②は教育費に限定した使い道。③はフリーハンドなんです。そういう違いがありますね。

　全体として何かありますか？

真境名： 教育資金の①ですが、金額に上限はありますか？

木村： ありません。500万円でも1000万円でも3000万円でもいいんです。医学部に孫が入った。国立に入れなかったけど私立に入った。入学金が3000万円。直接払ってやればいいんです。上限はありません。

　だからよく①と②の使う順番ですね、どうやるかというと、②については完全非課税です。①も非課税ですが、もし使えるとしたらどっちがいいんですかね？

真境名： ②は、いろいろと非課税を受けるための申告とか手続きが必要だと思いますので、そのことを考えると申告が要らないので①がいいかなと。

木村： 逆です。本当は1500万円なんです。なぜなら、受贈者である孫が30歳になった時点で使い残しがあったりすると課税されるじゃないですか。だから本当は②から使っていって中高大と使い切ってしまって、それで使い切った後に足りないところは①の教育費の方がいいんで

すよね。

　年齢に一部制限がかかってきたからそれが正解だと思います。

　年齢制限が入ってきたので 23 歳で残ったときにお祖父ちゃんが亡くなったら課税があるんですよ。相続税の。あとはよろしいですかね。

第10回

生命保険

その受取人を誰にするかが重要です!

対談者：山口 秀樹

ある人からの将来の遺産分割の相談

▷ 相関図

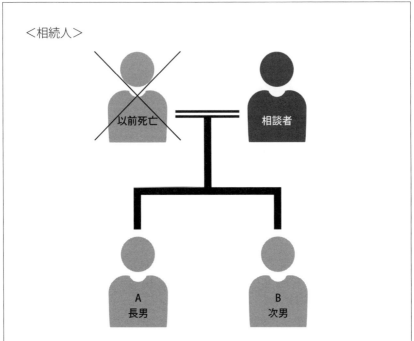

<相続人>

以前死亡

相談者

A
長男

B
次男

<将来の分割案>

（単位：千円）

被相続人 相続人	相続人	A	B	備考
土地・建物	40,000	40,000	－	○Aには自宅の土地・建物 ○Bには預金と生命保険金
預金	10,000	－	10,000	
（生命保険）	(10,000)	－	(10,000)	
表面的取り分	60,000	40,000	20,000	

木村：　ある人からの将来の遺産分割の相談がありました。ご主人は死亡で、長男Aと次男Bがいます。この相談者の方はこう考えているわけですね。「土地はおそらく長男だね。4000万円。預金は1000万円で、これだったら弟のBにあげなさい」と。

　実は、生命保険の受け取り分があったんですね、1000万円。お兄ちゃんが4000万円なので、「これも次男に渡すと、6000万円のうち4000対2000ということでバランスがいいのではないか？」という相談が私のもとに来たわけです。

　これを見たときに、私はアレアレ？　と思ったのですが、山口さん、これでよろしいんですか？　よろしくないんですか？

山口：　Aの方は、まず不動産しか受け取れないので、まず納税のお金をどこから工面するのかな、というのが気になります。Aさんの取り分は4000万円ですので、ここに対してBさんの取り分——遺留分相当が確保できてないので、それを請求される可能性がありますよ。

　そのときにAさんは、それをどうやってBさんに払うのか？　Aさんにお金がない状況になってしまうので、AさんBさんのトラブルも起きてしまうのかなと感じます。

▷ 民法の遺産分割の観点から

（単位：千円）

被相続人＼相続人		A	B
土地・建物	40,000	40,000	―
預金	10,000	―	10,000
合計	50,000	40,000	10,000
表面的取り分	(10,000)	―	(10,000)
備考			

○ Bが受け取る生命保険金はBの固有の財産
○ 遺産分割
　　50,000×1/2＝25,000
　　25,000-10,000=15,000
　　をBはAに請求できる

木村： 実はこういう話をしてほしかったんです。もしお母さんの言う通り分けるとすると、民法上の分割は 4000 万円不動産、預金 1000 万円で、A さんが 4000、B さんが 1000 万円で合計が 5000 万円。これの半分が 2500。

　B は A に対して、「自分は 1000 万円しかもらっていないから、お兄ちゃん、俺 1500 万円足りないよ」と言って、もう 1500 万円もらえることになってしまう。しかし、実際には生命保険の非課税 1000 万円が入っているから、B は 2000 万円をもらっている。にもかかわらず、民法上の遺産分割上は 5000 万円のうち 2500 万円請求できるので、そうすると逆にバランスが取れません。

　B さんが欲深い人であったときに、「兄貴、俺は 2000 万円もらったけど、生命保険分は非課税だよ。あれは俺の財産なんだもん。民法上の分割は 5000 万円だぜ」という話になってしまうので具合がよくありませんよね、という話です。

生命保険の受取人をBからAに変更すると

▷ 変更後の計算表

（単位：千円）

被相続人＼相続人		A	B
土地・建物	40,000	40,000	—
預金	10,000	—	10,000
合計	50,000	40,000	10,000
（生命保険）	（10,000）	**10,000**	—
備考			

○ 遺産分割
50,000×1/2=25,000
25,000－10,000＝15,000
○ Aは、
生命保険10,000＋自己資金5,000＝15,000
をBに支払うことができる

木村： 山口さん、では、どうしたらいいんですか？

山口： そうですね、保険金の受取人をＡさんの方に移して、その保険金だけでは足りないので、Ａさんの自己資金をプラスしてＢさんにお支払いすると。

木村： それをもっと具体的な数字で説明してほしいんです。ご相談者は実際の言葉を聞きたいわけです。

　先ほどと生命保険金の受け取りを逆にしますよ。Ａさんが生命保険金をもらうと、Ｂさんは本当に1000万円の預金しかもらえませんね。民法上の分割は、不動産4000万円と預金1000万円で5000万円をベースにしたときに、5000万円の半分は2500万円。Ｂさんは1000万円しかもらっていないから、「あと1500万円ちょうだいね」とＡさんに言ってくる。そのときにＡさんは隠し玉の生命保険でまず1000万円を払い、残り500万円を自己資金で払えば、きちんと2500万円を払ったことになりますよね。

「そのために生命保険金の受取人を変更することがベストなんですよ」と。こう言ってほしかったんです。

　銀行のセミナーでもそうですが、我々は自分がわかっているから、わかっていることを前提にやってしまう。我々の知識とお客さんの知識はすごく差がある。ここを埋めないと、お客さんは、ついてこられないんです。私も最近気が付いたんですけどね。

　だから我々が言わないといけないんです。「こうだよ、こうだよ」とかみ砕いてあげないとついてこられないんです。そういう丁寧な説明をしてくださいね。

生命保険の名義人の変更

▷ 変更の可否

登場人物	役割		名義人	変更の可否
保険契約者 （保険料負担者）	契約当事者		父	可
	備考	相続開始前であればいつでも		
被保険者	保険事故の 対象となる人		父	不可
	備考	被保険者の年齢により 保険料が決まるから		
受取人	保険金を 受け取れる人		妻	可
	備考	相続開始前であればいつでも		

木村：　保険金の受取人をBさんからAさんにかえると……生命保険の契約では、契約者や被保険者などもありますが、これは全部変更できるんですか？

山口：　保険の契約にあたっては、登場人物は「保険契約者」、「被保険者」、「受取人」という三者となります。この中で変更ができるものは限られています。まず保険契約者、これは契約の当事者ですが、契約者の変更は相続開始前であればいつでも変更することができます。

　次に被保険者、こちらは保険事故の当事者となる方ですが、この被保険者については変更することはできません。なぜならば被保険者の年齢などによって保険料が変わってきますので、契約の内容自体が完全に変わってしまうからです。

　最後に受取人については、これは保険金を受け取る方ですが、受取人は相続の開始前であれば、変更することはできます。

木村：　ということは、この保険契約の場合には、役者が3人出てきた中で、被保険者のところだけは変えられない。それ以外は自由に変えられるということが理解できました。だから先ほどのお客様の場合には最初保険受取人をBさんにしていたものを、この契約者である親が生きている間にAさんに変えることができるということでいいんですね。

　では、税金関係の説明もお願いします。

生命保険の名義と税金関係

▷ 保険のパターン

パターン	契約者 (保険料負担者)	被保険者	受取人	受取人の税金	備考
1	父	父	母	**相続税**	○
2	父	母	子	**贈与税**	×
3	父	母	父	**所得税 （一時所得）**	△

山口： 　生命保険金と税金との関係をお話しします。保険のパターンで
すね、1つ目のパターンで、保険の契約者、これは保険料を負担する方
になります。この方をお父様とします。この保険契約者であるお父様が
いて、保険をかけられた被保険者がお父様自身であり、受取人が配偶者
であるようなケースにおいては、死亡保険金の受け取りがあったときに
相続税が課税されます。ただこちらについては生命保険の非課税枠があ
りますので、無税で受け取れる部分がありますので、節税の効果として
は非常に高いものかと思います。

　2つ目のパターンは、契約者がお父様、被保険者が配偶者、受取人が
子供というようなケース。この場合は、もし被保険者である配偶者が亡
くなったようなケースにおいて、保険金が受取人である子供に支給され
ることになりますが、そのときには贈与税が発生することになります。
これは保険料を負担した契約者である父から受取人である子供に対して
財産が贈与されたという実態となるからです。贈与税については相続税
逃れをおさえる観点から税率が高く設定されておりますので、贈与税が
かかってしまい、非常に税金負担としては大きくなってしまうので、あ
まり良いやり方ではありません。

　最後3つ目、保険契約者がお父様、被保険者が配偶者、受取人がお父
様——契約者と受取人が同じケースです。こういった場合には保険事故
が発生したとき——被保険者であるお母さまに何かあったときに保険金
が支給された場合、これは契約者かつ受取人である父の所得税の対象と
なっています。その際には所得税の所得の区分として一時所得という区
分に入ってくるのですが、この一時所得は計算をするときに、受け取っ
た保険金から支払った保険料を差し引き、そこからさらに50万円を引
いて、それを1/2して所得税が課税されます。保険金まるまるに課税
を受けるという状況にはないので、節税の効果としては、まあまああある
というような形になります。

木村：　1つ目のパターンというのは法定相続人×500万円の非課税枠が使えるから○（マル）。

　2つ目は多額の贈与税が出る可能性があるので、こんな契約をしちゃだめですよという意味では×（バツ）。

　3つ目が一時所得というのは先ほど山口さんが言ったように、もらった保険金から払った保険料を引いて、さらに50万円引いて、1/2課税。ということは課税所得4000万円ちょいの場合には、住民税入れて55%、その半分ということは27.5%、それよりも一個税率が低いと40%、所得税10%、住民税50%の半分、25 5 %、ということは、どんなに高いレベルで言っても25%から27.5%ということで、相続税、贈与税は残りの55%より安いという意味においては△（サンカク）。

　と、そういうような話になるかと思います。

よくある保険の誤解

木村： よくある保険の誤解ということで、まず非課税枠の活用で、契約者＝父、被保険者＝父、受取人＝孫、これを子供にしたらいいのではないか？　という話ですが、この説明をお願いします。

山口： 保険の非課税枠を適用するケースで、契約者が父、非保険者が父、受取人が孫であるケースがあります。おじいさまが自分の代わりに自分が死んだときの保険金を孫に受け取ってもらおうと、そういうようなケースです。ただ、この場合、孫は相続人ではありません。ですので、相続人でない方が保険金を受け取ったとしても、死亡保険金の非課税枠500万円×法定相続人という非課税枠を孫は使うことができません。ですから孫は相続税を負担するということになってまいります。さらに孫については相続税の2割加算が適用されますので、相続税の負担も増えるということになってしまいます。ですから保険の非課税枠を十分に活用しようとする場合には、まず受取人は相続人──ここで言えば子供にするのが適切かと思います。

木村： よく、孫の場合には一代飛ばしで110万円の基礎控除以下でどんどん贈与していくケースが結構あります。それは、いわゆる生前贈与加算というのは相続または、遺贈によって財産をもらった者から孫は外れるので、3年分の取り込みはないよという話なんですが、もしこのケースでお孫さんがそのまま保険金をもらったら、過去の贈与分、生前贈与加算、例えば毎年110万ずつもらった分についても3年間は取り込まざるを得ないと、そういうことが延長線上で出てくるというわけですね。

▷ 被保険者と受取人のパターン

色々なケース	契約者 (保険料負担者)	名義人	変更の可否
非課税枠の活用	父	父	孫⇒子
	受取人の税金	孫は相続人ではないので非課税枠が使えず さらに相続税の2割加算 ⇒子に変更して非課税枠の活用	
納税財源の原資となります	父	父	妻⇒子
	受取人の税金	妻には配偶者の税額軽減あり **⇒子に変更して 子の相続税の納税財源に充当**	
相続財産になります	父	父	父
	受取人の税金	被保険者が子なので 相続税がかからないと誤解 **⇒父が支払った保険料は 「生命保険契約に関する権利」 として相続税の対象に**	

色々なケース	契約者 (保険料負担者)	名義人	変更の可否
相続放棄しても 受け取れます	父	父	子
	受取人の税金	子は遺産はもらえないが 保険金は 受け取ることができる	
（おまけ） どうしても事実婚の パートナーに保険金を 渡したい	父	父	子⇒ パートナー
	受取人の税金	他人を受取人に することができない ⇒**遺言で受取人を変更**	

山口：　そうですね。

木村：　そういったことも含めて、孫を受取人にしてはいけないということですね。

　次のケースは、「納税財源の原資となります」ということで、契約者＝父、被保険者＝父、受取人＝妻、これも良くないですか？

山口：　はい、妻については相続税において配偶者の税額軽減というのがあります。妻については1億6000万円、または法定相続分まで財産をもらっても相続税が軽減される、かからないという制度があります。子供についてはそういった配偶者の軽減の制度がありませんので、子供が財産をもらえば、その財産に応じて相続税が発生してしまうという納税の負担というものが子供には生じることになります。

　ですから、子供は納税資金確保が必要となります。そのとき生命保険金の非課税枠を利用して、子供が無税で納税のお金を受け取ることができれば、納税資金の確保を行うことができます。

木村：　ここで言う配偶者の税額軽減の確認ですが、配偶者は1億6000万円の財産をもらうか、または法定相続分の半分、4億円の財産があった場合は2億円までは税額軽減される——実際には納税がありませんよ、という特例があるということですかね。

　一般のご家庭であれば1億6000万円の枠内に収まるので、そうであればそもそも非課税の枠をここで言うお母さんにつけるよりも子供につけた方が、子供で非課税を使えて、なおかつ納税の財源にも当てられるという意味で、よっぽど奥さんを愛していれば別ですが、ある程度子供の方の納税を気にするのであれば、契約者を妻から子供に変えるということも非常に大事になるということですね。

次は３つ目のパターン、「相続財産になります」ということで、契約者が父、被保険者が子、受取人が父——。この説明をお願いします。

山口：　契約者であるお父様が、自分の大切な子供のために保険をかけてあげるということがあります。子供さんが小さいときに保険をかけているようなケース、それがそのまま残っているようなケースをイメージしていただければいいと思います。そういった場合に契約者であるお父様が亡くなったとしても、被保険者である子供は亡くなっていませんので、保険事故が発生しておりません。ですからお父様に相続が発生したからといって死亡保険金は支給されないわけです。
　にもかかわらず子供に対してかけた保険——これはあくまでお父様が保険料を負担した財産となりますので、相続税の課税対象となってきます。

木村：　ここでよくあるのが「保険金をもらっていないから相続税がかからない」という誤解があるわけですね。実際にはかかるわけですね？

山口：　実際にはかかってきます。ですから、子供に対して多額の保険契約を契約しているような場合には、それを見直すのがよろしいのかなと思います。

木村：　まずこの契約のパターンは、どういう形で相続税がかかるんですか？　という話は説明したほうがいいよね。

山口：　このパターンですと、子供を被保険者としているこの保険契約の解約返戻金相当額が財産的価値と評価されます。その価値が相続財産として課税されてしまうということになります。課税はされるのですが、

その保険契約を解約などしてお金にかえない限り納税資金として使うことはできません。ということで、課税はされるが納税資金としては使えないということになってしまいます。

木村：　ちょっと違った。これは契約者が父で、亡くなったのが父なので、保険契約はまだ確かに生きています。生きているんですが、このお父さんが払った保険料にキャッシュバリューがあって、そこに課税されるんです。それが実は相続税の中では生命保険契約に関する権利として課税されて、その評価方法はお父さんが亡くなったときの解約返戻金で、相続財産に取り込まれるんです。なおかつ、これは本来の財産ですよということで、よく「保険金が下りないから相続税がかからない」と誤解されていますが、この場合でもかかります。これは忘れないでください、ということですね。

　次に4つ目ですね。「相続放棄をしても受け取れます」ということで、契約者＝父、被保険者＝父、受取人＝子。この説明をお願いします。

山口：　契約者がお父さん、被保険者がお父さん、受取人が子供であるようなケースにおいて、ここで相続人である子供が相続権の放棄をしたというようなケースです。その場合には、子供はお父さんの財産を相続することはできませんが、死亡保険金については保険の契約において受取人が子供と決まっておりますので、たとえ相続放棄をしたとしても保険を受け取ることはできます。ただし相続放棄をすることによって子供は法定相続人ではなくなりますので、生命保険金の非課税枠──500万円×法定相続人という非課税枠については、子供は適用を受けることができず、受け取った保険金に対して相続税を負担することになってしまいます。

木村：　２割加算はどうですか？

山口：　２割加算については、子供について適用はありません。その理由は子供が一親等の血族であるからです。

木村：　このケース、私は何回かやったことがあるんですが、山口さんやったことありますか？

山口：　子供が放棄するケースはないんですが、お父さんお母さんが放棄をするケースはありました。

木村：　子供が亡くなった時に？

山口：　相続人が父母である時は、放棄をすることもあります。

木村：　「別の兄弟姉妹に渡してくれ」という話ですかね、財産を。

山口：　そうです。兄弟への相続という話ですね。

木村：　私一回だけやったことがあるんですが、お父さんが医者だったんです。子供はある上場会社のお偉いさんだったのですが、お父さんはすごく面倒見が良くて、「おそらく誰かの保証人になっている可能性がある」ということで、亡くなる前に３億あったお金を全部保険金にして、子供はお父さん亡くなって申告をした。保険金は相続人固有の財産だから相続とは関係ないからです。
　で、今言ったように500万円×法定相続人の数──自分と妹さんの２人しかいなかったんですね、1000万円の非課税枠──本来であれば

使えるんですが、そのケースでは使えなくて、満額 1 億 5000 万円ずつ、自分に 1 億 5000 万円、妹さん 1 億 5000 万円をもらって申告をしたというケースがありました。

　ですから亡くなる方が誰かの連帯保証人になっている場合には、保険金でもらうと、非課税枠は使えないんですが、そういうもらい方が——相続税は少しだけ増えますが面白いなぁという感じですかね。

　実はもう一つ面白いおまけがあります。「どうしても事実婚のパートナーに保険金を渡したい」という場合。ここのところを、山口さん、お願いします。

山口：　契約者が父で、被保険者が父で、受取人を最初は子供にしているような保険契約があります。ただ、父であるお父さんには事実婚のパートナーがおりまして、「そのパートナーにお金を残したい」という思いがありました。その思いを実現するために保険金の受取人をそのパートナーに本来はしたかったのですが、どうしても保険の契約上、他人を当初から受取人として契約することはできないという制約がありました。そこで保険の契約としては、受取人は子供のままではありますが、このお父さんは、その事実婚のパートナーを保険金の受取人にするため、受取人を変更するという遺言を書いておりました。こういった遺言がある場合には、事実婚のパートナーが保険の証券と遺言を持って保険会社に申請をすれば、パートナーが保険金を受け取ることができるという風になっております。

木村：　入口の段階では確か 22 年度の保険法の改正で、他人を受取人とすると——何とか殺人があったじゃないですか——、それがあったので、できないように変わったらしいんですね。そういったこともあった

312

ので、最初からパートナーを受取人にはできないのですが、契約上は父
＝契約者、被保険者＝父、受取人＝子にしておいて、遺言で受取人を変
えることができるわけですね。非常に賢いですよね。

　何かあったときには、山口さん、このパートナーには相続税がかかる
んですか？　かからないんですか？

山口：　遺贈により財産をもらわれたパートナーについては、財産をも
らっている以上、そこに対して相続税が発生することになります。かつ、
生命保険の非課税枠を使うことはできませんので、相続税の負担につい
ては負担していただくしかないのかなと思います。

木村：　こういう方たちの場合、先にお金をあげておけばいいと思うん
ですが、なぜ先に現金であげないで保険金で渡すかわかりますか、山口
さん。

山口：　やはりお金を生前にもらってしまうと、別のパートナーを見つ
けてしまうかもしれませんので（笑）。そういう人質のような（笑）。

木村：　先に渡すといなくなってしまう、そうすると優しくしてくれな
い、「俺が死ぬまで優しくしてもらうためには保険金で渡すよ。現金で
渡すのではなくて！」。相続税がちょっとだけかかるけど保険金で渡す
こともできるんですね。

　今、山口さんは優しい言葉で言いましたが、一般的には女性の心をつ
ないでおくために保険金が使えるということですかね。

生命保険の3つのポイント

▷ 生命保険の機能

（1）生命保険の非課税枠が使える
　　⇒課税されずに現金を渡せます

（2）あげたい人にお金を渡せる
　　⇒遺言と同じ効果があります

（3）すぐに現金化できます
　　⇒明日からの生活費として使えます

木村：　さて、以上いろいろ見てきたわけですが、生命保険には、実は3つのポイントがあります。①生命保険の非課税枠が使える（⇒課税されずに現金を渡せます）、②あげたい人にお金を渡せる（⇒遺言と同じ効果があります）、③すぐに現金化できます（⇒明日からの生活費として使えます）の3つです。

　よく生命保険っていう話をすると自分の死を連想するから嫌いという方がたくさんいるんですが、そうではありません。

　金融商品としての機能を見たときに、非常に面白い機能があるんですね。まずは何と言っても、生命保険の非課税枠が使えること。法定相続人×500万円ですね。これは課税されない現金がキャッシュインするわけですね。非課税が使える。

　2つ目は、あげたい人にお金が届く。渡せるんですね。これは遺言と同じ効果がありますね。遺産分割ですと、みんなで話し合いしてぐちゃ

ぐちゃした場合署名捺印しなければ有効ではないのですが、この保険の場合には書類が揃えば概ね1ヵ月以内に保険金が振り込まれるという意味で、あげたい人にすぐお金が届くという効果がありますね。

　3つ目は、すぐに現金化ができますから、明日の生活費としてすぐ使えるんですよと。こんな機能がありますので、この生命保険をうまくご活用できればということでございます。

　最後に山口さん、何か感想はありますか？

山口：　私もご生前の対策で保険金の受け取りについて相談を受けることがあるのですが、保険金の受取人を配偶者同士にしている方がいらっしゃいます。そういう方には、まず「受取人をお子さんにしてください」と言うと非常に喜ばれます。お客様にとってもすごくメリットがあることですし、受取人を変えること自体はノーコストでできることなので、非常によい節税対策なのかと考えております。

第 11 回

登記・登録名義は慎重に！

対談者：浅野 恵理

財産の名義変更等があった場合の取扱い

▷ 原則と例外

（1）原則

（財産の名義変更があった場合）

相基通9-9　不動産、株式等の名義の変更があった場合において対価の授受が行われていないとき又は他の者の名義で新たに不動産、株式等を取得した場合においては、これらの行為は、原則として贈与として取り扱うものとする。

（2）例外

名義変更等が行われた後にその取消し等があった場合の贈与税の取り扱いについて

（過誤等により取得財産を他人名義とした場合等の取扱い）

5．他人名義により不動産、船舶、自動車又は有価証券の取得、建築又は建造の登記、登録又は登載等をしたことが過誤に基づき、又は軽率にされたものであり、かつ、それが取得者等の年齢その他により確認できるときは、これらの財産に係る最初の贈与税の申告若しくは決定又は更正（これらの財産の価額がその計算の基礎に算入されている課税価格又は税額の更正を除く。）の日前にこれらの財産の名義を取得者等の名義とした場合に限り、これらの財産については、贈与がなかったものとして取り扱う。

自己の有していた不動産、船舶、自動車又は有価証券の名義を他の者の名義に名義変更の登記、登録又は登載をした場合において、それが過誤に基づき、又は軽率に行われた場合においても、また同様とする。

木村：　第 11 回は、「財産の名義変更等があった場合の取扱い」です。何と言っても名義使用通達ですよね。浅野さん、原則と例外を見てこれはどうですか。

浅野：　どうしても親族間のときなどは特にそうですよね。贈与であるか否かというのは、その事実認定が困難なので、相基通 9 − 9 のような形で名義変更があれば、原則として贈与というのはありますね。ただご家族間ですと、間違いではないですけれども、うっかりっていうこともあるのかなと思いますので、それで救済しているような感じなんでしょうか。

木村：　親族の場合には、「とりあえずお前の名義で登録しておく」となって、今回もおそらくその延長線上の話なんですが、そういった軽く考えたことが、結果として調査が行われて、審査請求になったというような案件だと思います。

概要

▷ 事実関係

○ 自動車の小売業者（ディーラー）であるＤ社宛の平成 20 年 10
月 19 日付「新車注文書」によると、Ｅ車を、買主・注文者は請
求人の父であるＦ（以下「父」という。）、

○ 使用名義者を請求人である長男とし、代金○○○○円で注文する
旨が記載されている。

○ 購入された車両に係る自動車検査証には、「登録年月日／交付年
月日」欄に平成 20 年 12 月 22 日と記載され、「所有者の氏名又
は名称」欄に長男の氏名が記載されいる。

○ 車両の代金は、平成 20 年 12 月 25 日までに、その全額が父名義
の普通預金口座から本件ディーラーに対して支払われた。

木村： それでは概要を見ていきたいと思います。

浅野： それで、これがなぜ問題になったかというと、「おそらく300万円〜500万円の車は、登録は長男名義でした。しかし、お金は全部父親が出した。したがって長男は本件車両の車の贈与を受けたのではないか？」ということで更正処分を受けた、ということですね。

争点・主張

∷∷

▷ 争点

「長男は本件車両の贈与を受けたか否か」について

▷ 主張

税務署の主張
次の通り、長男は本件車両の贈与を受けたと認められる。 ○　本件車両はその代金全額を父が負担しているのに、長男の名義で登録されているから、 ○　相基通9－9により、原則として贈与として取り扱うこととなる。 ○　本件車両の名義を長男として登録したことが過誤に基づき、又は軽率にされたものであり、取得者等の年齢その他により当該事実を確認できるに足る証拠は認められないため、本件通達の5を適用することはできない。

納税者の主張

次の通り、長男は本件車両の贈与を受けたとはいえない。

- ○ 本件車両は父が自己資金で取得した単独所有物であり、長男も父もそのように認識している。
- ○ このことは、本件車両の購入手続や税金及び維持費の支払いは父が全て行っている反面、長男は2、3回運転したことがあるだけで、他に何もしていないことからも明らかである。
- ○ 長男が本件車両の名義人とされたのは、G社の従業員である長男の名義で登録すれば装備品の優遇が受けられたからである。
  このように、父が長男の名義を借用したものであり、贈与ではない。
- ○ 父が本件車両を長男の名義で登録した理由は上記のとおりであり、軽率にされたものである。
- ○ 本件通達の5は、最初の贈与税の申告若しくは決定又は更正の日前にこれらの財産の名義を取得した者の名義としたことを要件としているが、
- ○ 本件車両の名義を父に変更していないのは、調査を担当した職員の違法な調査によるものであるから、その要件を満たすものとして取り扱うべきである。
- ○ したがって、本件通達の5により、本件車両の贈与はなかったものとして取り扱われるべきである。

木村：　税務署と納税者、お互いの主張を見ていきます。

　税務署がなぜ「長男は本件車両の贈与を受けたと認められる」と主張しているかというと、まずお金です。本件車両はその代金全額を父が負担しているのに、長男の名義で登録されているから、相基通９－９により、原則として贈与して取り扱うこととなる——。

　それに対して、納税者が何と反論しているかというと、本件車両の贈与を受けたとは言えない。なぜなら、本件車両は父が自己資金で取得した単独所有物であり、長男も父もそのように認識している。名前を形式的に貸したということですね。

　このことは、本件車両の購入手続や税金及び維持費の支払いは父が全て行っている反面、長男は２、３回運転したことがあるだけで、他に何もしていないことからも明らかである。買った後も使ってないよ、と。

浅野：　納税者側は、長男が本件車両の名義人とされたのは、Ｇ社の従業員である長男の名義で登録すれば装備品の優遇が受けられたからである。——ここがポイントですね。だから父が長男の名義を借用したものであり、贈与ではないと主張しています。社員割引と同じように、社員プレミアムということで、従業員が買うから優遇が受けられるということですね。

木村：　税務署の主張です。——本件車両の名義を長男として登録したことが過誤に基づき、又は軽率にされたものであり、取得者等の年齢その他により当該事実を確認できるに足る証拠は認められないため、本件通達の５（昭39直審（資）22改正）を適用することはできないと。

浅野：　納税者としては、父が本件車両を長男の名義で登録した理由は装備品の優遇があったからであり、軽率にされたものである。本件通達

の5は、最初の贈与税の申告若しくは決定又は更正の日前にこれらの財産の名義を取得した者の名義としたことを要件としているが、本件車両の名義を父に変更していないのは、調査を担当した職員の違法な調査によるものであるから、その要件を満たすものとして取り扱うべきである。したがって、本件通達の5により、本件車両の贈与はなかったものとして取り扱われるべきである。ということですね。

木村： このあたり、ちょっと感情的になったのかもしれません。おそらく「じゃあ、名義を変えればいいんでしょ？」ということになったんだけど、「いやいや、もうこれはダメですよ。変えても調査は行われて更正処分されているんですからね」というようなやり取りがあったと思うんですね。

　だから、その要件を満たすものとして取り扱うべきである——と。「したがって、通達の5項によって本件車両の贈与はなかったものとして取り扱われるべきであり、あくまでも形式なんだよ。わかってよ」と。浅野さん、このあたりまでどうですか？

浅野： このケースだと、その後ご長男が使ってなかったっていうのもあったりして……、こういうケースでなくても、お子さんのために車を買ってあげることもあると思うのですが、このケースだと、名義貸しではないですけれど、若干そういう部分が説明できたからよかったですよね。でも、ご家族間だったら、「車1台買うぐらいわからないだろう」と、同じようなケースはなくはないかなと思います。だから、高級な物を買うときには、「誰が使用するもので、誰がお金を出して……」といったことが説明できるようにすることが大切だと思います。

判断

木村：　そういう議論があった中で、審判所はどんな判断をしたかということです。

　——父が、本件キャンペーンの利用条件を満たすために、長男の名義を使用して本件車両を購入した（すなわち、あえて実質と一致しない外観を作出した）ことは容易に推測されるところである。前車両は父が代金を支払い、父が登録名義人であったから、父が自己所有物として購入したものであることは明らかであるが、長男の家族について、本件車両の購入前後で、その使用状況に変化を生じさせるような生活環境等の変動はなかった。

　そうすると、父所有の前車両が本件車両に変更された際に、これを長男に贈与する必要性は特別見当たらないから、父が本件車両を長男に贈与する動機はなかったと認められる。

　長男及び父は、本件車両を主に使用していたのは、父及び長男の妹であるＪであり、長男は本件車両をほとんど使用していなかったと認められる。そして、一般に、利用しない者に対して車両を贈与するとは考え難いことに照らせば、このことは長男への贈与の事実を疑わせる事情といえる。

浅野：　なお、長男が父から本件車両の贈与を受けるつもりがあったとすれば、長男が好みの車種や色等の希望を述べ、これが購入する車両の決定に反映されるのが通常であるところ、長男が、購入すべき車両の選定や購入手続等に関与した事実は認められない。

　結局のところ、父は、自らの判断で購入すべき車両を選定して本件車両の取得資金を出捐し、本件車両の維持・管理に必要な費用をすべて負担し、本件調査の開始後のこととはいえ、自らの判断で本件車両を売却

して同売却代金を受領し、新たな車両を購入しており、これは正に所有者らしい振る舞いであると評価できる。ということですね。

木村： これに対して、長男が本件車両の所有者であったことをうかがわせる事情は特に認められず、かえって、贈与があったとすれば不自然ともいい得る事情の存在も認められる。したがって、長男は本件車両の贈与を受けたとは認められない。

　——という話なんですが、これは不動産の場合も結構ありますよね。お子さん名義で登記しちゃったんだけど、実は親御さんが出していたというケースがあると思うんですけど、お尋ねが来て、贈与税をかけられそうになったから、「以下の通りにより贈与はなかったことにする」と簡単に認められるのかなと。今回自動車ですけど、贈与を免れるような意図はあまりないのかなと。

浅野： 面白い話がありまして、ある税理士がやった事実の陳述書を見せてもらったことがあります。お父さんが勝手に土地を買って登記したんですね。息子さんはそれを知らなかったんですよ。ところが、いきなり息子さんのところに更正処分で、「贈与税の申告が必要です」と聞いてびっくりして、その税理士さんのところに連絡をした。「こんなの来ちゃったんだけど、どうしたらいいの？」と。それで、その税理士さんがお父さんと、息子さんからヒアリングして事情説明書、陳情書をつくった。簡単に言うと、お父さんが全部やった、と。証拠は下記の通り…。贈与契約書を作り、署名も贈与者＝父○○、受贈者＝子供○○となっていて、両方とも筆跡はお父さんですよ。また、登録免許税もお父さんが確かに払っていて、息子さんは一切関知していない。「全て父親がやったことで私は一切関与していません」ということで出して、幸い軽率にされたものであるということが認定され、贈与税の認定はされなかった。

その代わりに名義を息子さんからお父さんに変えてもらったという事案でした。

木村：　不動産などは勝手に親がやるケースはありますよね。今回は通常ではあり得ないのですが、キャンペーンがあったからということで、まあ、父親も納得して、息子も納得して、「じゃ名義貸すよ。俺名義で買えばキャンペーンでこんなにもらえるんだからね」と。

浅野：　親族間ではよくある話なのかもしれませんけれども、やはり登記や登録をするときは、ある意味、慎重にやらなければいけないということですね。

木村：　これは不動産ほどヘビーではないけれども、車のことなんか、そんなチェックされないだろうという軽い気持ちでやってしまった結果、税務署とトラブルになったということですね。この判断のポイントは、どのへんにあると思いますか。浅野さん？　審判所はどういうところに力を入れて、「そうだよね、納税者の言うことが正しいよね」という話をされたと思いますか？

浅野：「この車両を使っていたのは父と妹で、自分は使っていなかった。自分のものとして父からもらったものなら自分が使うはずですよね。ですが使ってない。まず、事実関係をよく見てください」というのがまず1点です。
　2点目、買うときに、長男のものだったら自分の好みの車種などの希望をいうのに、そうではなくて、全部父が自らの判断で選定をし、手続きをし、代金も払っている。
　3点目は、その調査が行われたときに、「この車は縁起が悪い」と売っ

328

たり、売ったお金を自分のところに入れて、そのお金で新しく車を買っている——。「全部お父さんが所有者だということの立証じゃないですか。この3点を見てください」ということで、審判所は そこの3つを重視したんじゃないんでしょうか。

木村： そうですね。結果とすれば、それらがポイントになり、納税者が勝ったという話ですね。

面白い指摘

○ 確かに本件は、相基通9-9に基づき、原則、贈与として取り扱うものである。

○ しかしながら、本件通達は、相基通9-9の要件を満たしているにもかかわらず課税庁の立場から贈与として取り扱わない場合を類型化したものにすぎず、

○ 相手方による反証はこれに限定されるものではないところ、前頁までのとおり、本件においては、本件車両の贈与の不存在について反証がされているといえるから、

○ 本件通達の5の要件を満たすか否かにかかわらず、前述の結論は左右されない。

○ したがって、原処分庁の主張には理由がない。

H27.9.1

木村：　最後に面白い指摘がいくつかあったんですけれども、軽く説明をしていきます。

　贈与として扱うのが大原則なんですが、あくまでも「こういう場合は贈与とするよ」というのは、例示に過ぎない。だから、逆にそれを覆すだけの反証があれば、贈与はなかったということで、その反証により正しい方向へいくということです。

浅野：　本通達の５項の要件ですね──誤って登録して、その事実が確認できるときは……というような話の中身を──先ほど言ったように、父親は自分のものとして選定して、使っているのは父親と妹で、その車を売った時の代金も全部父親に入っているということで、そういったことが積み上がってきて、「長男のものじゃないよ。お父さんが所有者だよ、長男の名前を借りたのは形式なんだよ」ということが結果として立証できて、納税者が勝ったということですね。

木村：　これをですね、実務対応したときに、浅野さん、何かありますかね。

浅野：　これは登録するような不動産や車両の話だったから、こういう形で取り消しになったと思うんですけど、預金の場合はどうでしょうか。

木村：　よく気になりますよね。確か、最近の傾向からすれば、こんな面白い言い方をしていました。夫婦間における夫婦別産制の認識が低い夫婦間において、安易に、ご主人のお金を妻名義に変えて運用することはあり得ることだということから、「配偶者のところに入ったとしても、振込を指示したことが贈与の意思があったとは言えない。そのときには原則、金銭債権、貸し借りが起こるんですよ」というような流れがたし

かできていると思いますね。

　ですから、もちろんあってはいけないのですが、最近の夫婦間においては、そんなことがあるということも実務家として知っておくといいのかな、ということですかね。

　最近でも２つ３つ、それで贈与だという認定が取り消されたり、あるいは、妻名義に変わったから妻の財産だという風にはならないんですね。やっぱり原則は夫婦別産制で、名義が変わったとしても、それはご主人のものだということで、それは貸し借りの関係だから、奥さんの口座に入れたものについて、ご主人は「貸した」、奥さんは「借りた」ということで、金銭債権、つまり相続財産になりますよという事例が多いかと思います。

浅野：　調査のときに、名義財産を相続財産として申告しようとしたら、これは贈与だということで、贈与税とか延滞税という話は結構多いです。

木村：　でも、そう言われたときに、まさに先ほど言ったように、「いやいや、最近の傾向は違いますよね。審判所の傾向は夫婦別産制の意識の低い夫婦間においては、ご主人の名義で奥様が運用することはよくあることだ、という事例もたくさん出ていますので、それは贈与ではなく金銭貸借だという風に審判所は言っていますよ」と切り返せますよね。

　そういった意味では、いろいろな事例、このような裁決事例を読んだりすることは、非常に勉強になるかなと。

浅野：　名義株の場合、一度株主名簿も変えていて、かつ配当金をもらったりしていたら、贈与だと認定される可能性がある。だから「いやいや、贈与じゃなかった」というのはなかなか難しいですよね。

木村： やっぱり、株主であれば株主総会に出ているとか、発言をしているとか、大体一般的には役員もやっているだろうから、取締役会に出ていて、いろいろな発言をしている、といった、あるべき書類があった方が良いわけですね。

　ただ、配当をもらうということも、当然のことながら大事な所有者であるということの一つだし、上場株にしろ、名義株にしろ、自分がその所持者だということの何らかの確証を——配当をもらっているとか、確定申告するといった積み上げがどこまでできるかによって、最終的には決まってくるのかなと。

浅野： そうですね。ですから、先ほどの話のように取り消せる場合と取り消せない場合があるので、その辺も整理しないといけないですね。

木村： 今回の事例をまとめると、相基通9-9の通達は、原則は名義人への贈与の推認が働くけれども、特別な事情がある場合には、この推認が働かないということだと思います。今回の事例では、この特別な事情というのは下記のようなことです。

- 長男の会社の優遇制度を利用するために、長男名義で車両を購入したこと。
- 父親がこの車両を長男に贈与する必要性は特別見当たらない。
- この車両を主に使用していたのは、父と妹であり、一般に利用しないものに対して車両を贈与するとは考え難い。
- 長男が、購入すべき車両の選定や購入手続等に関与した事実は認められない。
- 父は、自らの判断で購入すべき車両を選定して、この車両の取得資金を出捐し、その車両の維持・管理費用を全て負担している。

○参考文献

「生前贈与と相続財産の接点－名義預金－」
角田敬子稿、速報税理 2022 年 9 月 1 日号

「贈与契約が有効に成立していたか？」
北村豊稿、税務弘報 2022 年 8 月号

「老人ホームの入居金〈相続財産〉」
初鹿真奈稿、速報税理 2021 年 1 月 21 日号

「高齢者夫婦の老人ホーム入居に伴う、贈与税の関わり－夫が負担する
老人ホーム入居一時金は、妻に贈与税が課されるか？－」
山田俊一稿、税理 2020 年 10 月号

「配偶者のために負担した老人ホームの入居金に係る贈与税の非課税」
伊川正樹監修・妹尾明宏稿、速報税理 2016 年 10 月 11 日号

「老人ホームの入居と贈与税」
田口渉稿、速報税理 2016 年 3 月 21 日号

「有料老人ホーム入居金が贈与税の非課税財産に該当するか否かの判定
区分」
角田敬子稿、速報税理 2012 年 10 月 1 日号

「老人ホーム入居金負担、非課税財産該当性の分岐点　審判所、判断が異なる裁決事例を公表」
編集部稿、Ｔ＆Ａ master 2012 年 2 月 6 日号

「老人ホーム入居金負担額は贈与税の非課税財産と判断　相続税の更正処分を全部取消し」
Ｔ＆Ａ master 2011 年 6 月 13 日号

「有料老人ホームの入居一時金に対する相続税法上の問題について」
白木康晴稿、税大ジャーナル第 19 号 2012 年 8 月

「相続税関係における最新の重加算税取消裁決」
Ｔ＆Ａ master2021 年 10 月 4 日号

週刊税務通信 No.3425 号

週刊税務通信 No.3426 号

「申告義務の有無に関する不知と重加算税」
伊川正樹・鈴木春美稿、速報税理 2016 年 7 月 21 日号

「税理士が見つけた本当は怖い　相続の失敗事例 64」
辻・本郷税理士法人編著、東峰書房

「相続財産の仮装隠蔽をめぐり重加算税の取り消しが相次ぐ　家族名義預金の申告漏れが問題となった事例も」
Ｔ＆Ａ master2019 年 6 月 24 日号

「失敗しない生前贈与のしかた」
税理士法人今仲清事務所稿、
フィナンシャルネットワーク 2021 年 9 月号

「贈与か名義貸しか」
長谷川敏也稿、速報税理 2021 年 7 月 21 日号

「審判所が相基通 9-9 を事実上の推認の取扱いを定めたものとして原処分を取り消した事例」
安井和彦稿、税経通信 2020 年 12 月号

「－贈与事実の無いことの反証－」
山田俊一稿、税理 2020 年 6 月号

「父が購入した新車を子（審査請求人）の名義で登録したことは錯誤又は軽率に基づくとは認められないとしてした贈与税決定処分が、贈与が存在しないとの反証がされたとして取り消された事例」
佐藤孝一稿、国税速報 2019 年 3 月 4 日号

「父が子供名義で自転車を購入した場合の贈与事実の認定」
栗原正樹稿、速報税理 2016 年 8 月 1 日号

「自動車の購入を他人名義とした場合の贈与の事実」
田口渉稿、速報税理 2016 年 5 月 21 日号

辻・本郷 税理士法人

平成 14 年 4 月設立。東京新宿に本部を置き、日本国内に 85 以上の拠点、海外 7 拠点を持つ、国内最大規模を誇る税理士法人。

税務コンサルティング、相続、事業承継、医療、M&A、企業再生、公益法人、移転価格、国際税務など各税務分野に専門特化したプロ集団。

弁護士、不動産鑑定士、司法書士との連携により顧客の立場に立ったワンストップサービスと、あらゆるニーズに応える総合力をもって多岐にわたる業務展開をしている。

https://www.ht-tax.or.jp/

○著者

木村 信夫

辻・本郷 税理士法人　副理事長／税理士

1985年本郷公認会計士事務所（現：辻・本郷 税理士法人）入社。

1988年税理士登録。2003年理事に就任。2016年副理事長に就任。

主に相続・事業承継業務を専門に取り組んでいる。

『相続の失敗事例64』その他著書多数。毎月相続セミナー等の講演を実施している。

○監修

徳田 孝司

公認会計士・税理士。辻・本郷 税理士法人 理事長。

昭和55年、監査法人朝日会計社（現 あずさ監査法人）に入社。

昭和61年、本郷公認会計士事務所に入所。

平成14年4月、辻・本郷 税理士法人設立、副理事長に就任し、平成28年1月より現職。

著書に『スラスラと会社の数字が読める本』（共著、成美堂出版）、『いくぜ株式公開!!　IPO速解本』（共著、エヌピー通信社）、『精選100節税相談シート集』（共著、銀行研修社）他多数。

○対談・執筆協力

山口 拓也

池上 千祥

新井 尚子

香田 涼

川邊 知明

泉谷 ひとみ

内藤 智之

鈴木 淳

真境名 元樹

山口 秀樹

浅野 恵理

（本書登場順）

木村信夫の相続ノート

～事例・裁決例から読み解く相続のポイント解説～

2023 年 10 月 19 日初版第 1 刷発行

監修　　徳田 孝司
著　　　木村 信夫
編集協力　津田 秀晴
発行者　　鏡渕 敬
発行所　　株式会社 東峰書房
　　　　　〒 160-0022 東京都新宿区新宿 4-2-20
　　　　　電話 03 3261 3136 FAX 03 6682 5979
　　　　　https://tohoshobo.info/
装幀・デザイン　　塩飽晴海
印刷・製本　　　株式会社 シナノパブリッシングプレス

©Hongo Tsuji Tax & Consulting 2023
ISBN 978-4-88592-225-1 C0033